신성종 목사

핵심스마트설교 ⑪

핵심스마트설교 ⑪

디지털 형 사모

신성종 목사 지음

도서출판 한글

핵심 스마트 설교(11)

디지털 형 사모

2022년 7월 10일 1판 1쇄 인쇄
2022년 7월 15일 1판 1쇄 발행

저   자 신성종
발행자 심혁창
마케팅 정기영
교   열 송재덕
표지화 신인수
교   열 송재덕
디자인 박성덕
인   쇄 김영배
펴낸곳 도서출판 한글

우편 04116
서울특별시 마포구 신촌로 270(아현동)
수창빌딩 903호

☎ 02-363-0301 / FAX 362-8635
E-mail : simsazang@daum.net
창   업 1980. 2. 20.
이전신고 제2018-000182

ISBN 97889-7073-606-8-93230

‖ 머리말 ‖

당신은 왜 사는가?

신성종 목사(크리스천 문학나무 편집인)

우리가 살다 보면 왜 사는지 종종 잊을 때가 있다. 그래서 가끔은 자신에게 나는 왜 사는가 하고 물어볼 필요가 있는 것이다. 사실 산다는 것은 생각처럼 간단하지 않다. 많은 일들이 연결되기 때문에 마침내는 삶의 목적과 목표를 혼동할 수가 있다. 그래서 많은 사람들이 불행해지고 인생에 실패를 한다. 나는 아침에 일어나면 오늘은 무엇을 해야 할 것인가 하고 그날의 계획을 세워 본다. 가장 좋은 방법은 묵상기도를 통해 자신의 모습을 살펴보면서 나를 향한 하나님의 뜻을 찾으면서 목표를 세우는 것이다.

여기서 중요한 것은 인생의 목적과 목표는 다르다는 점을 분별하는 일이다. 목적은 내 인생의 궁극적 이유를 말하는 것이고, 목표란 그 목적을 이루기 위한 구체적인 수단과 방법을 말하는 것이다. 목적은 추상적인 것이 일반적이지만 목표는 구체적인 것이 특징이다. 그러나 많은 사람들은 이 목적과 목표를 혼동한다. 그래서 돈 버는 일에 일생을 다 허비하고 사업을 한다고 허비를 한다. 그러다가 늙고 죽을 때가 되어서야 내가 살아온 목적이 잘못된 것을 발견하고 후회를 하지만 그때는 이미 늦는다. 필자는 대학에 들어간 후에는 등록금을 벌기 위해서 가정교사를 하기도 하고 미국에 가서는 방학 때 농장에 가서 노동을 하기도 했다. 정원에 가서 풀을 깎기도 하고, 식당에 가서 접시 닦는 일을 하기도 했다. 그러나 등록금을 번 후에는 다시 공부하는데 전념했다. 박사 학위를 받은 후에는 가르치고 책을 쓰기 위해서 공부를 지금도 계속하고 있지만 다행히도 목적과 목표를 혼동하지는 않았다. 그러나 방황이 전혀 없었다고 하면 그것은 거짓이다. 그래서 노년이 되어 자신을 살펴보면 남들처럼 벌어놓은 재물은 없지만 한 번도 굶은 적은 없었다. 빈손으로 왔다가 빈손으로 가는 인생이니 후회는 없다. 그러다 보니 그동안 4만여 권의 책을 읽었고 백사십 권이 넘는 책을 썼다.

나의 인생의 목적은 나의 설교와 강의와 글을 통해 하나님의 영광을 드러내려고 최선을 다한 것이다. 내가 살아온 것이 성공인지 실패인지는 후세가 평가하겠지만 확실한 것은 곁눈질하지 않고 열심히 외길로 살아왔다고 생각한다.

나는 목표를 시간적 순서에 따라 정한다. 어떻게 보면 좀 따분한 삶이기는 하지만 그러나 후회는 없다. 지금까지 살아온 대로 다시 살라고 하면 그렇게 열심히 살 것 같지는 않다. 하나님께 영광이란 목적을 위해 때로는 목회를 했고, 때로는 학교에서 강의를 했고, 선교를 하기도 하였다. 나의 잡념을 정리하기 위해 시를 쓰다가 시인으로 등단하기도 했다.

사랑하는 형제자매들이여, 당신들의 삶의 목적은 무엇이며 그것을 이루기 위해서 어떤 목표를 세우고 있는가? 과연 당신의 목표가 목적과 상충되지는 않는가? 우리들의 삶의 목적은 하나님이 기뻐하시는 것인가? 목표는 당신의 목적과 직접 연결이 되고 있는가? 혹시나 방황하고 있지는 않는가? 인간이 산다는 것은 간단하지 않기 때문에 방황할 때도 없지 않지만 그러나 그것이 하나님께서 기뻐하시는 것인가를 자신에게 자주 물어보아야 한다.

그때 필요한 것이 묵상기도이다. 많은 사람들은 예배 때만 묵상기도하는 것으로 알고 있지만 아침마다 일어나서 매일 매순간 점검해 보지 않으면 허송세월을 할 수 있음을 잊지 말자.

이번에 심혁창 장로님의 도움으로 그동안 내가 설교했던 내용들을 모아 수십 권의 책들을 출판하게 된 것을 주님께 감사한다. 별로 잘 쓴 글들은 아니지만 많은 후배 목사들에게 자신의 설교와 비교해 보고 또 요약해서 자신이 살을 붙이면 좋은 자신의 설교가 되리라 믿고 감히 나의 치부들을 내놓는다. 일반 성도들은 가족들과 함께 큰소리로 읽어보면 큰 은혜가 될 것이다.

　　　　　　　　　작은 종 신성종 드림.

목 차

거짓 교사들의 정체

(벧후2:10-19)

1. 거짓교사들은 교만합니다(10-12)

"담대하고, 고집하여 떨지 않고, 영광 있는 자를 훼방하거니와"라고 했습니다. 게다가 자기의 위치를 지키지 않고, "이성 없는 짐승"같아서 하나님을 훼방하고, 비방하며 헐뜯기를 좋아한다고 했습니다. 그러므로 입만 열면 남을 '비방하는 사람들'을 조심해야 합니다.

한국에서는 간첩이 하도 많기 때문에 어떻게 이것을 분별할 것인가 하고 교육을 받은 적이 있습니다. 아주 간단합니다. 사회를 비방하고, 지도자를 비방하는 사람이 바로 간첩이라고 했습니다. 교회 안에서는 그런 사람들이 바로 거짓 교사들입니다. 이런 사람들을 이성 없는 짐승이라고 했습니다. 얼마나 무서운 말씀입니까?

2. 도덕적으로 방종하고, 연락을 즐기는 자들

거짓 교사들의 두 번째 특징은 '도덕적으로 방종'하고, '연락을 즐기는 자들'이라고 했습니다(13-16). 14절에서는 이렇게 표현하였습니다. "음심이 가득한 눈을 가지고, 범죄 하기를 쉬지 아니하고 굳세지 못한 영혼들을 유혹하며 탐욕에 연단된 마음을 가진 자들이니 저주의 자식이라." 중요한 것은 거짓 교사들 가운데는 의외로 목회자들이 많습니다. 그러므로 어디서 신학을 공부했는지도 알 수 없는 사람들 가운데 도덕적으로 방종한 목회자들은 일단 의심부터 하는 것이 좋습니다.

돈을 탐하고, 여자관계가 복잡한 사람은 일단 의심해도 좋습니다. 또 연락을 즐긴다고 했는데 도박과 술과 마약에 손을 대는 경우도 있습니다. 그런 사람들은 아무리 우리 개인들에게 잘 해도 가까이하면 안 됩니다.

그러나 이민 교회에서는 자기만 사랑해주면 좋아합니다. 말씀을 바로 분변하지 않습니다. 그러므로 교회의 지도자들을 주목하고 보아야 합니다.

3. 물 없는 샘, 광풍에 밀려가는 안개

거짓 교사들의 정체를 17절에서는 '물 없는 샘', '광풍에 밀려가는 안개'라고 했습니다. 무익한 존재라는 뜻입니다. 하나님께서는 이들을 위해서 "캄캄한 어두움을 예비"하였다고 했습니다. 바로 지옥을 예비하였다는 뜻입니다.

또 이들은 18절의 말씀처럼 "허탄한 자랑의 말을 토하기만" 합니다. 게다가 초신자들을 "음란으로써 육체의 정욕 중에서 유혹하여"라고 했습니다. 성도들을 미혹하고, 타락의 길에 떨어지게 합니다(17-19). 17절에 보니까 "이 사람들은 물 없는 샘이요, 광풍에 밀려가는 안개니 저희를 위하여 캄캄한 어둠이 예비 되어 있나니"라고 했습니다.

특별히 바울 당시에는 구원이 율법이 아니라 이신득의로 이루어진다는 점을 악용하여 미혹하였습니다. 도덕적 방종으로 끌고 갔습니다. 여기서 우리는 베드로가 말한 "자유하나 그 자유로 악을 가리는데 쓰지 말고 오직 하나님의 종과 같이 하라"(2:16)는 말씀을 명심해야 할 것입니다.

모든 이단들을 연구해 보면 죄책감을 없애주고 난 후에 여러 가지의 죄를 행하게 합니다. 방종하게 만듭니다. 바알 우상이 바로 그런 것이었습니다. 통일교에서는 피 가름을 한다는 이유로 혼음을 하게 하였습니다. 그러므로 우리는 오늘의 본문에서 보여주는 세 가지의 특징을 살펴보면서 이단을 조심해야 할 것입니다.

여호와의 증인이나 다락방이나 구원파 같은 이단을 멀리하고, 주님의 지체인 교회 중심의 삶을 살 수 있기를 축원합니다. 목회자를 택할 때 설교를 한두 번 들어보고 결정하면 100% 위험합니다. 그러므로 비방하는 자들이나 도덕적으로 방종한 사람들을 멀리하는 것이 필요합니다. 그것은 아주 간단합니다. 교회중심의 생활을 하면 됩니다. 새해에는 그런 신앙의 삶을 살 수 있기를 축원합니다.

디지털형 사모가 되라

(고전10:33)

사모들을 여러 가지 측면에서 볼 수 있습니다.

① 사모가 보는 사모 상(대표적인 것이 이건숙 사모의 "사모의 선 자리는 아름답다").

② 목사가 보는 사모 상(오늘 필자가 보는 관점).

③ 교인들이 보는 사모 상.

④ 하나님이 보시는 사모 상(가장 중요한 관점)이 있을 것입니다.

여기서는 객관적 측면에서 보는 사모 상, 좀 더 솔직하게 말하면 목사가 본 사모 상이라고 할 수 있습니다.

나는 사모 상을 볼 때 두 가지의 생각을 갖습니다. 첫째는 참 안됐다, 불쌍하구나, 아니 여성으로서 하고 싶은 것이 많을 텐데 마음대로 자유롭게 살지 못하고, 교인들의 눈치 보면서 살다니 하는 생각을 금할 길이 없습니다. 그러나 또 다른 한편으로는 참 행복하다, 너무도 멋진 인생이 아닌가? 목사님과 함께 교인들을 돌볼 수 있고, 동반자로서 하나님의 귀한 사명을 감당하여 천국의 귀한 상급을 받을 것이니 참으로 사모의 선 자리는 아름답다고 할 수 있습니다.

1. 4가지 유형의 사모

(1) 무성영화형의 사모

먼저 무성영화형의 사모(벙어리 형)입니다. 그저 목사님과 함께 심방을 동행하고, 대접할 때 함께 다니면서 교인들과 만나 인사나 잘하면 족한 그런 유형입니다. 과거의 소극적 형의 사모입니다.

(2) 라디오 형의 사모

라디오 형의 사모도 있습니다. 무성영화형의 사모와 다른 것은 소리가 있다는 점입니다. 교회에서 일어나는 일들을 목사님에게 다 보고하고, 전화로 교인들과 이렇게 저렇게 대화 및 지시하는 형입니다. 과거의 가장 활동적인 사모 형입니다.

그러나 지금은 많이 변했습니다. 교회 안에 여성의 역할이 증대되면서 사모의 역할도 점차적으로 많아지고 있기 때문입니다. 그러면 현대 교회가 요구하는 사모의 유형은 어떤 것인가요? 다음 두 가지 유형이 있습니다.

(3) 아날로그 형

하나는 아날로그 형(analog)입니다.

(4) 디지털 형

다른 하나는 디지털 형(digitel)입니다.

그 차이점은 디지털이란 말은 숫자라는 디지트에서 유래하였고, 아날로그란 '비슷한, 유사한'(analogous)이란 뜻을 가진 말로 자연의 모습을 그대로 나타낸다는 데서 유래한 것입니다. 대부분의 현재의 활동적인 사모들은 '아날로그 형'입니다. 아날로그 형 사모는 전통적 재래식 형입니다. 그러나 디지털 형 사모는 보다 개혁적이고 미래지향적이란 차이점이 있습니다. 나름대로 비전을 가지고 능동적으로 해나가는 것이 다릅니다. 문제는 이제 우리는 디지털 시대에 살고 있기 때문에 사모 상도 디지털 형 사모로 변해야 한다는 것입니다.

2. 사모의 바람직한 역할

최근 여성들의 사회진출은 눈에 띄게 달라졌습니다. 지난번 선거에서
도 박근혜, 강금실, 추미애, 김혜경(민노당 대표)의 정치적 싸움은 물론
각 정당의 입들이 여자들로 되어 있습니다. 전여옥(한나라), 박영선(우
리), 이승희(민주). 지금 모든 분야에서 여성들의 진출이 눈부실 정도입
니다. 현대의 철의 여인으로 불리는 현정은 회장의 등장과 여성부장 검
사(조희진)가 탄생되고, 여검사 100인 시대가 되었습니다(25.9%). 스포
츠 분야는 더욱 그렇습니다. 이런 것을 이해하려면 「우리나라 여성들은
어떻게 살았을까?」(이배용 교수외 이대사학과 교수, 2권, 청년사,1999)을 꼭 읽
어야 합니다. 이 책을 읽어 보면 21세기 여성인력의 시대가 도래한 것
이 결코 우연이 아님을 알 수 있습니다. 고려시대까지만 해도 재산상속,
가계 상속권, 제사 상속권을 남자와 같이 가지고 있었다고 합니다. 또
결혼도 오늘날과 차이가 있습니다.

결혼도 오늘날과 차이가 있었습니다. '장가 든다'는 말도 본래 결혼할
때 신랑이 신부의 집에 들어가 산다는 뜻이었다고 합니다. 그러나 조선
조가 되면서 유교적 이데올로기 하에서 가부장적 질서가 강화되고, 가
족으로부터의 여성의 이탈을 막기 위해 재가 금지, 칠거지악, 삼종지도
내외법 등을 만들어 여성들을 규제하기 시작하였습니다. 그래서 아들
선호 사상이 생겨났습니다.

중요한 것은 사모들도 이런 측면에서 바람직한 역할을 살펴봐야 합니
다. 물론 사모들도 주부이기 때문에 목회자의 내조자로서 자기의 가정
을 잘 돌보아야 하고, 자녀들의 어머니로서의 역할도 잘해야 합니다.
아무리 사모의 역할을 잘해도 이 기본적인 역할을 바로 하지 못하면 그
것은 옳지 않습니다.

그러나 이 기본적인 역할 외에도 적어도 다음 몇 가지의 다른 역할이 있습니다. 여기서 디지털 형의 사모란 말은 디지털식 사고와 철학을 가진다는 데 있습니다. 우리나라도 점차적으로 여성상위 시대를 향하여 가고 있기 때문입니다.

그러면 디지털 형 사모의 역할은 무엇인가요?

(1) 조언자의 역할

목회자의 조언자의 역할을 감당합니다. 즉 멘토(mentor)가 되어야 합니다. 아무도 목회자의 설교와 행정에 대해서 비판하기가 쉽지 않습니다. 그러므로 그것은 사모의 몫입니다. 옷 입는 것부터 나쁜 습관 같은 것은 항상 사모가 말해주어 목회자가 작은 실수도 하지 않게 합니다. 특별히 설교할 때 시간, 교인들의 반응, 예화의 사용, 비판적 설교를 하다가 빠지기 쉬운 감정적 함정 등을 멘토해 주어야 합니다.

(2) 카운슬러

여성들을 위한 카운슬러(counselor)의 역할을 해야 합니다. 지금은 심방목회에서 카운슬러 목회의 시대로 접어들었기 때문에 사모는 카운슬러의 기초교육을 반드시 받아야 합니다. 교인들의 이야기를 목회자가 다 들어주기에는 너무도 바쁘고 피곤하기 때문에 사모가 대신 들어주는 것이 필요합니다. 더구나 여성도의 가정적인 고민은 사모가 카운슬러로서 최적의 자리입니다. 그들의 이야기를 들어만 주어도 반은 한 셈이 됩니다.

(예) 김창인의 대화법 / 언어 분석학('예, 다 압니다')

(3) 작은 설교자

여전도회 등 작은 모임을 위한 설교자가 되어야 합니다. 평신도들이 모이는 것에는 항상 예배가 있습니다. 그럴 때 사모가 작은 설교자가 되어야 합니다. 왜냐하면 목회는 목회자만의 것이 아니기 때문입니다. 축구에서 total offense와 totel defense를 하는 total soccer가 있듯이 목회도 그런 시대에 접어들고 있습니다.

(4) 새신자 가이드

사모는 새 신자들을 위한 안내자(guide)입니다. 목회자는 많은 교인들을 상대하기 때문에 그들을 다 기억하기가 힘듭니다. 특히 새 신자들을 기억하기는 더욱 어렵기 때문에 사모가 옆에서 이들을 목회자에게 안내해주고, 인도해 주면 사모의 교량역할이 의미를 갖습니다. 특별히 아이들의 이름이나 여자들의 이름이나 형편을 잘 기억했다가 목회자가 심방할 때나 전화할 때 옆에서 도와주면 여전도사 보다 더 큰 역할을 할 수 있습니다.

(5) 심방 동반자

즉, 심방의 동반자로서의 역할이 있습니다. 사모가 심방을 동반하면 목회자보다 각 가정의 형편을 더 잘 기억합니다. 그래서 심방 시나 필요할 때 그 가정의 자세한 내용을 옆에서 말해주고, 목회자가 말할 때 옆에서 자녀들의 이름을 말해 주고 칭찬을 해주면 심방이 은혜롭고, 재미있게 진행됩니다. 특히 여성도 가정을 심방할 때에는 사모나 여전도사 없이는 목사만 심방하기를 피하는 것이 좋습니다.

(6) 중보기도의 어머니 역할

목회자와 교회를 위한 중보기도의 어머니가 되어야 합니다. 목회자를 위해서 온 성도들이 기도해주지만 그것보다도 사모가 남편의 기도응원자로서 기도해주는 것이 무엇보다도 중요합니다.

3. 사모의 탈진과 위기관리 및 극복 방법

사모도 인간이기 때문에 많은 격무로 인해서 탈진한 경우가 많습니다. 사모들과 상담을 해보면 삼분의 이 이상이 탈진상태에 있는 것을 볼 수 있습니다. 그 탈진의 이유를 살펴보면 목회자와 마찬가지로 반복되는 일과 변화 없는데도 문제가 없으나 그 외에도 여러 가지의 일들이 있습니다.

(1) 교인들의 가십 대상

교인들이 gossip의 대상이 되기 때문에 피곤합니다. 입은 세금을 내지 않기 때문에 기분 나는 대로 말합니다.

(예화) 한국의 대표적인 교회의 사모는 옷 문제로 고민을 많이 했습니다. 거지같이 옷을 입고 다닌다고 말을 해서 명품을 입었더니 교인들의 가십거리가 되었습니다.

(2) 휴식부족 극복

휴식부족이 문제입니다. 사모는 쉬는 날이 없습니다. 자녀들 문제도 힘들지만 목회자와 함께 심방을 해야 하고, 공 예배에 다 참석을 해야 하기 때문에 쉴 시간이 없습니다. 많은 경우 목회자들보다 사모들이 더 건강이 나쁜 것은 바로 이 때문입니다.

(3) 취미활동 포기

대개 사모들은 자신의 취미활동을 못하고 있습니다. 사람은 누구나 취미가 있습니다. 그런데 사모가 체육관에 가서 수영을 하거나 볼링을 하거나 영화관에 가거나 하는 것은 다 교인들의 가십거리입니다. 그래서 말이 무서워 아무것도 못하는 경우기 많습니다.

(4) 정신건강 육체건강

혈압이나 불면증, 심지어 우울증으로 인한 질병이 많습니다.

(5) 경제적 고충

경제적 어려움이 있는 경우가 많습니다. 어떤 사모는 아르바이트를 하기도 하고, 남의 집 파출부로 일하기도 합니다.

(6) 자녀교육 문제

따라서 자녀교육의 문제점이 많습니다. 교회에서 교육비까지 부담해 주는 교회는 극히 적기 때문입니다.

(7) 비난과 소문

남편에 대한 뜬소문으로 인해 우울증에 걸리는 경우도 있습니다.

(8) 기도시간 부족

개인의 기도시간 부족으로 영적 충전이 부족한 상태입니다.

(9) 안주 없는 이사

사역 지역의 이동으로 자주 이사함으로 인한 안정감을 잃습니다.

(10) 노후 대책

노후에 대한 불안 등으로 인해 탈진됩니다.

(예화) 사십대 초에 남편을 잃은 영애의 경우

◆ 사모의 탈진을 해결하는 비결은?

① 중요한 것은 목회자가 사모의 울타리 역할을 해주어 사모가 되도록 사탄의 공격에 노출되지 않도록 해주는 일입니다.

② 가능한 한, 목회자는 사모로 하여금 자신의 취미활동을 할 수 있도록 길을 열어주어야 합니다. 한 주에 한 번(월요일)은 휴식을 취할 수 있도록 하고, 가족들만의 시간을 갖기도 하고, 사모와 단둘이서 지내는 부부간의 시간도 필요합니다.

③ 목회자는 사모도 여자라는 것을 잊지 말아야 합니다. 대부분의 경우 사모가 여자인 것을 잊는 경우가 많습니다. 교회에 가장 많은 것이 Gossip인데, 이 Gossip에는 국경이 없기 때문에 완전히 피

할 수는 없으나, 목회자가 여자들로부터의 소문이 나는 것을 피하기 위해서는 항상 사모를 대동하는 것이 중요합니다.

④ 사모가 목회자보다 건강이 나쁜 경우가 많기 때문에 함께 운동하는 시간을 반드시 갖는 것이 필요합니다. 교회에서 생활비를 충분히 주지 못할 때에는 교회가 이해하는 한도 내에서 사모가 부업을 갖는 것도 고려해 볼 문제입니다.

4. 사모의 위기관리

사모의 위기는 목회자에게서 오는 경우와 개인적인 데서 오는 경우와 함께 당하는 경우의 세 가지의 경우가 있습니다.

(1) 경제적 위기

(2) 인간관계에서 오는 위기

(3) 여자문제로 인한 위기

(4) 건강악화로 인한 위기

(5) 자녀 문제로 인한 위기

등을 들 수 있습니다. 이때에 사모가 할 수 있는 것은

첫째로 사모들이 함께 기도해주는 것이고,

둘째로 목회자를 격려해주고, mentor해 주는 일이고,

셋째는 건강음식과 종합비타민 등의 공급으로 건강으로 인한 탈진이 생기지 않도록 하는 것이고,

넷째로 때때로 기도원이나 여행을 통해 스트레스를 해소하도록 하고,

다섯째는 많은 독서를 통해서 자신의 발전은 물론 목회자에게 정보를 주는 사모가 되어야 합니다.

끝으로 사모는 절대적으로 입술의 훈련이 필요합니다. 일본에서 화력원(話力院)이 있어서 입술의 훈련을 많이 시키고 있습니다. 우리나라에

서도 한 때 화력원이 있었으나 지금은 communication이란 이름으로 이것을 대치하고 있습니다. 필요한 것은 전화하는 요령, 대화하는 요령, 듣는 요령, 충고하는 요령, 감정을 배우는 요령(you-message보다는 I-message로) 등을 배우면 목회자에게 큰 도움이 됩니다. 사모가 꼭 기억해야 할 것은 아무리 사모가 더 배우고, 더 똑똑해도 항상 목회자 중심으로 해야 한다는 점입니다.

5. 사모에게 주시는 축복

(1) 섬기며 사는 기쁨이 있습니다.

(2) 삶의 폭이 깊고 넓어집니다.

(3) 자녀들을 잘 키우는 축복을 받습니다.

(4) 생명을 살리는 기회가 많습니다.

(5) 천국에서의 큰 상급이 있습니다.

바른 관계의 회복과 축복

(시23:1-6)

　이번 집회의 표어는 '꼭 필요한 사람이 되자'입니다. 물론 이것은 저의 삶의 철학이기도 하지만 하나님께서 우리 모두에게 원하시는 뜻이기도 합니다. 꼭 필요한 사람이 되려면 어떻게 해야 합니까? 먼저 소위 실패란 것이 실패가 아니고 단순히 성공을 위한 훈련이요 시련이란 것을 깨닫고 다시 일어서야 합니다.

　다음에는 하나님께서 쓰시는 사람이 되어 사명을 감당해야 꼭 필요한 사람이 됩니다.

　끝으로 하나님과의 바른 관계가 이루어져야 성공하고, 꼭 필요한 사람이 될 수 있습니다. 그래서 오늘의 말씀은 시편 23편을 중심으로 '바른 관계의 회복과 축복'이란 제목을 잡았습니다.

　인간은 관계적 존재이기 때문에

　① 부모와의 관계 속에서 태어나서

　② 가족과 사회와의 관계 속에서 살다가

　③ 자녀와 사회와의 관계 속에서 가야 하는 관계적 존재입니다.

　우리 한번 따라 합시다. "우리는 관계적 존재입니다."

　따라서 세상에는 모든 것이 관계없는 것이 없습니다. 다만 사람마다 관계의 범위가 다 다를 뿐입니다. 어떤 사람은 자기만 생각하며 자기만을 위하여 살다가 죽는 '소라적' 관계의 사람이 있고, 또 어떤 사람은 자기뿐만 아니라 가족과 교회와 사회를 위해서 사는 '섬김의 관계'가 있고, 또 어떤 사람은 인류를 가슴에 품고 그들을 사랑하며 희생하는 '꼭 필요한 관계'도 있습니다.

따라서 사람의 그릇이란 그가 어떤 범위에서 어떤 관심을 가지고 살았는가에 따라 결정됩니다. 바라기는 저와 여러분들이 하나님께 크게 쓰임 받는 인생이 되기를 축원합니다.

1. 현대의 특징

현대의 특징은 무엇일까요? 저는 현대의 특징은 한 마디로 말해서 '부족함'에 있다고 봅니다. 오늘 본문에서 부족함이 없으리로다 라고 했으나, 실제로는 부족함이 많은 것이 현대의 특징입니다. 63억의 인구 중에서 10억 이상이 절대 빈곤층에 속해 있습니다. 식량부족, 자원부족, 에너지 부족이 심각합니다.

　(예화) 모잠비크에서 본 것(우리의 6.25때와 같은 수준, 하루에 두끼, 맨발로 살다가 발가락이 네 개인 사람이 많다)

　(예화) 엘리엇(d.1964)의 「황무지(Waste Land)」에서 말한 것: '가득한 세상이요 텅 빈 세상이라'(미움, 거짓, 음란, 다툼, 우상숭배, 탐욕 등은 가득 찬 세상이고, 사랑, 믿음, 소망, 정직, 정결 등은 텅 빈 세상이다)

2. 왜 부족함이 많은가?

왜 성경은 부족함이 없으리로다라고 했는데 현실은 정반대일까요?

(1) 소수의 사람들이 부를 독점하기 때문

첫째로 소수의 나라와 소수의 사람들이 부를 독점함으로 인해서입니다. 최근 우리나라가 쓰고 있는 중동산 두바이유의 석유 값이 많이 오르고 있습니다. 지금 세계의 석유의 반 정도가 미국이 사용하고 있습니다. 식량도 미국과 캐나다가 세계 식량의 시장을 지배하고 있습니다. 그렇기 때문에 다른 나라에 사는 사람들은 항상 부족한 것입니다. 그러므로 부의 분배와 제도가 바로 되어야 합니다.

(2) 인간들의 근시적 접근 때문

둘째로 인간들이 근시적 접근 때문입니다. 우선 눈에 보이는 것을 위해서 개발한다는 핑계로 환경을 파괴하여 사막이 확장되고, 또 토지들은 산성화되고 있기 때문입니다.

일종의 빨리빨리 철학입니다. 세계에 밀림지역인 브라질에 매일같이 밀림을 불지르는 케이스가 매일 30건이 넘어 결국은 언제인가는 밀림지역이 없어질 형편입니다. 북한이 산에 옥수수를 심는다고 산의 모든 나무들을 다 없애고 산은 벌거숭이가 되고, 여름이면 홍수가 납니다. 그러다가 옥수수도 제대로 심지 못하여 식량난이 심해지고 있습니다. 다 근시안적인 접근 때문입니다.

(3) 거짓 종교로 인해서

셋째로 거짓 종교로 인해서(엔 슈알라: 우리의 가난은 알라의 뜻입니다) 사람들의 사고방식이 세뇌 당하고 있기 때문입니다. 물론 역사를 섭리하는 것은 하나님이십니다. 그러나 그는 인간을 통해서 역사하십니다. 그러므로 모든 것을 운명으로 돌리는 것은 하나님의 뜻이 아니고, 사탄의 역사입니다.

(4) 지구를 병들게 하기 때문

넷째로 우리 인간이 잘 관리하라고 준 지구를 병들게 만들고 있기 때문입니다. 창 1:28절의 말씀처럼 생육하고 번성하여 땅에 충만하라, 땅을 관리하라고 했는데 착취하고, 정복하고 있기 때문입니다.

(5) 바른 관계가 깨어졌기 때문

다섯째로 가장 근본적인 원인은 모든 바른 관계가 깨어졌기 때문입니다. 인간은 두 가지의 관계 속에서 삽니다. 첫째는 위로는 하나님과의 종적 관계이고, 둘째는 아래로 사람들과의 횡적 관계 속에서 사는 것입니다. 이 두 가지 관계가 바로 될 때 더하기(plus)가 됩니다. 십자가는 다른 것이 아니라 더하기의 표시입니다. 그러나 많은 사람들은 대인관계만을 생각합니다.

그것은 빼기(minus)입니다. 성경의 요약은 십계명인데, 그 내용을 보면 1-4계명은 하나님과의 바른 관계를 가지는 비결이고, 5-10계명은 사람들과의 관계를 바로 갖는 비결입니다. 이 관계를 바로 할 때 인간은 행복해지고, 성공하고 하나님의 축복을 받습니다.

3. 왜 부족함 없는 것이 축복인가?

성경에 보면(요10:10)에 "인자가 온 목적은 양으로 생명을 얻게 하고, 더 풍성히 얻게 하려는 것"이라고 했습니다. 그런데 본문에서는 "부족함이 없으리로다."라고 했습니다. '더 풍성'이란 말은 믿기 이전과의 비교적 표현입니다.

죄로 인해 하나님이 주신 것을 다 상실한 것을 예수 그리스도를 통해서 다시 회복하게 된다는 뜻입니다. 사실 무조건적 풍성함은 저주가 될 수 있습니다. 돈 관리하는 법은 안 가르치고 유산만 많이 물려주는 것은 자식에게 저주가 되기 때문입니다.

현재의 병중에 가장 무서운 병이 '비만증'입니다. 만병의 근원이 되기 때문입니다. 왜 비만증이 옵니까? 근본 원인은 칼로리의 과다 섭취로 인해서 온 것입니다. 먹는 본능의 쾌락 때문에, 필요 이상으로 너무 많이 먹습니다.

또 에너지의 사용이 부족해서 생기는 현상입니다. 에너지만큼 일을 해야 합니다.

그러면 본문에서는 부족함이 없다는 것이 왜 축복으로 묘사했을까요? 우리 생각으로는 풍성케 하리로다라고 했으면 더 좋을 것 같은데, 교회에서 예산을 짤 때 가장 원하는 것은 수입과 지출이 제로가 되는 것입니다. 즉 수입과 지출이 맞는 것, 수지가 맞는 것입니다. 남으면 일을 적게 한 것이고, 재정이 모자라면 교인들의 경제적 사정이 나빠졌거나 아니면 믿음이 부족해서 십일조 생활을 안 하기 때문입니다. 그러므로 최고의 복은 부족함이 없는 데 있습니다. 믿습니까?

4. 부족함이 없으려면?

한 마디로 말해서 바른 관계가 회복되어야 부족함이 없습니다.

"여호와는 나의 목자시니 내가 부족함이 없으리로다" 다시 말해서 여호와를 나의 목자로 삼고 있는 한 부족함이 없으리로다라고 했습니다. 이것을 다른 말로 말하면,

첫째는 하나님과의 관계가 바로 회복되어야 부족함이 없을 것이라고 했습니다. 즉 목자와 양의 관계로 회복되어야 합니다. 둘째는 이웃과의 바른 관계가 회복되어야 합니다.

먼저 부모와의 관계, 다음은 부부간의 관계, 친구들과의 관계가 회복되어져야 합니다. 지금 우리 사회의 가장 큰 문제는 모든 관계가 뒤틀리고, 잘못된 데 있습니다.

그런데 부족함을 해결하는 그 해답이 1절에 나옵니다. 오늘 본문 1절은 이렇게 번역할 수 있습니다. "여호와를 목자로 삼고 있는 한 나는 내가 필요한 모든 것을 다 가지고 있습니다.

"(As long as the Lord is my sherherd, I have everything I need) 또는 이렇게도 번역이 가능합니다.

Because the Lord is my sherherd, I have everything I need. 다시 말하면 본문은 관계 개념입니다. 하나님과 우리의 관계가 목자와 양의 관계가 유지되고 있는 한, 우리는 우리가 필요로 하는 모든 것을 다 갖는다는 말씀입니다.

인간에게 가장 중요한 것 중에 하나는 바로 '관계'라는 말입니다. 이 관계를 바로 가질 때 우리는 성공합니다. 그래서 십계명에 보면 1-4계명까지는 하나님과의 관계를 바로 가지는 비결을, 5-10계명까지는 사람들과의 관계를 바로 가지는 비결을 말씀하고 있습니다. 그래서 바르트는 '태초에 말씀이 계시니'라는 말 대신에 '태초에 관계가 계시니'라고 했습니다.

문제는 하나님께서 우리들에게 부족함이 없도록 창조하셨는데, 우리의 욕심과 죄악으로 인해 모든 것이 뒤틀리고 부족하게 되었다는 말씀입니다.

(예화) 여러해 전에 히브리 대학에 초청을 받아서 얼마 동안 가 있던 적이 있습니다. 감람산에 아파트를 얻고 아내와 함께 지냈습니다. 그동안 여러 곳을 방문하면서 구경할 수 있는 기회가 있었습니다. 시편 23편의 배경이 되는 사망의 음침한 골짜기를 가보았습니다. 대낮인데도 깎아지른 절벽이 있고, 그 틈에서 양들이 풀을 뜯고 있었습니다. 멀리 보니 목자가 망을 보고 있었습니다.

재미있는 사실은 우리들의 정체성을 양이라고 표현한 점입니다. 양이란 말은 성경에 750번이나 나옵니다. 그런데 이 양들에게는 네 가지의 특징이 있었습니다.

(1) 양은 무지함

양은 독초를 구별 못합니다. 썩은 물도 구별 못합니다. 자기의 정체성을 물론 어떤 양은 주인도 구별 못할 때가 있습니다.

(2) 양은 무능함

양은 자기를 방어하는 무기가 없습니다. 모든 동물은 다 자기를 방어하는 무기가 있습니다. 이빨, 발톱, 뿔 같은 무기를 가지고 있거나, 아니면 냄새나, 보호색을 가지고 있거나, 아니면 빠른 발, 독, 꾀 등. 그러나 양만은 목자 없이는 스스로를 보호하며 살 수 없습니다. 또 양은 넘어지면 몸이 둔해서 혼자 일어나지를 못합니다. 그래서 목자가 가서 일으켜 주어야 합니다.

양에게 제일 무서운 동물은 첫째는 이리떼들이고, 둘째는 뱀입니다. 누가 이 양을 지켜줍니까? 바로 목자입니다.

(3) 방향감각이 없음

양은 방향감각이 없습니다. 자기의 집을 찾아가지 못합니다. 그래서 누구인가 인도해 주어야 합니다. 그래서 양은 목자 없이는 혼자서 살 수 없는 동물인데, 우리도 마찬가지입니다. 목자 되신 주님 없이는 항상 부족하고, 맹수들의 밥이 되고, 물에 빠지고, 돌에 넘어지는 것입니다. 그래서 성경은 '여호와를 목자로 삼고 있는 한 부족함이 없다'고 한 것입니다.

(4) 식곤증이 심함

양은 식곤증이 심해서 풀을 뜯어 먹고는 그늘진 곳에서 잠을 자면 해가 비칠 때에도 그냥 잡니다. '아이구, 피곤해' 하고 잠을 잡니다. 그때에 염소를 풀어서 움직이게 합니다. 그래서 그늘진 곳으로 가게 합니다. 그러나 양은 항상 운동량이 부족해서 뚱뚱하여 잘 걷지를 못합니다.

5. 부족함이 없으리로다란?

그러면 부족함이 없으리로다. 내가 필요한 모든 것을 갖는다고 했는데 그 구체적인 내용이 무엇입니까? 오늘 본문에 보면 크게 다섯 가지를 말씀하고 있습니다.

(1) 인도해 주심

첫째로 인도해주십니다. 2절에 보면 우리를 안식하게 하시고, 우리를 인도해 주신다고 했습니다. 양은 방향감각이 없기 때문에 길을 잘 잊어버립니다. 심지어 자기의 집, 제 우리를 찾지 못합니다. 목자가 앞에 가서 모는 이유가 바로 여기에 있습니다. 본문에서 목자를 삼는다는 말은 그의 인도하심을 받는다는 뜻입니다.

우리나라와는 달리 팔레스타인에 가면 사막이 많습니다. 여기서 푸른 초장과 쉴만한 물가를 찾는다는 것은 정말 어렵습니다. 그래서 양에게는 절대적으로 목자가 필요합니다.

제가 군에 있을 때에 부대의 환자들을 위해서 양을 먹이는 임무를 맡은 적이 있었습니다. 그런데 그때 발견한 것은 양은 방향감각이 전혀 없다는 것입니다.

인간은 자기의 이익만을 추구하기 쉽습니다. 그러나 대부분 자기의 이익추구는 사실은 해가 되는 경우가 더 많습니다. 그러므로 주님은 "너희는 먼저 그의 나라와 그의 의를 구하라"(마6:33)고 했습니다. 그의 나라를 구하는 것이 무엇입니까? 그것은 천국의 시민권을 구하는 것을 말합니다.

왜 그렇습니까? 제가 미국에서 목회하면서 보니까 시민권을 얻기 위해서 가정교사까지 두는 것을 보았습니다. 왜 그럴까요? 미국 시민이 되면 시민으로서 누리는 혜택이 있기 때문입니다.

(2) 소성케 해주심

둘째로 소성케 해주십니다. 3절에 보면 우리의 영혼을 소생시켜주신다고 했습니다. 이 세상은 광야이기 때문에 피곤해지기 쉽고, 짜증이 날 때가 많습니다. 더구나 해외에 살아보면 소수민족으로 가지는 애환이 많습니다.

그래서 이민교회에서는 짜증내는 일이 많고, 그래서 잘 싸웁니다. 영혼들이 매 말랐기 때문입니다. 그런데 국내에 와서 목회를 하니까 여기도 별 차이가 없는 것을 발견했습니다. 그런데 주님을 목자로 삼으면 우리의 병든 몸도 고쳐주시고, 또 피곤해진 우리의 영혼을 소생시켜주십니다. 믿습니까?

WHO에서 건강을 4가지로 정의 했습니다.

첫째는 physical wellbeing state, 육체적인 건강상태,

둘째는 mentel wellbeing state, 정신적인 건강상태,

셋째는 social wellbeing state, 사회적인 건강상태,

넷째는 spiritual wellbeing state, 영적인 건강상태

등을 말합니다. 우리는 건강이라고 하면 육체적인 것만 생각합니다만 아닙니다. 정신적인 것과 사회적인 것과 가장 중요한 영적으로도 건강해야 참 건강입니다.

재미있는 것은 건강을 wellbeing이란 말로 표현한 점입니다. wellbeing의 반대말은 ill-being입니다.

지금 보면 모든 것이 병들었습니다. 그것을 누가 회복시켜줍니까? 우리의 목자가 되신 야훼께서 회복시켜준다고 했습니다.

(3) 보호하여 주심

셋째로 보호하여 주십니다. 4절에 보면 우리가 사망의 음침한 곳에 있을지라도 우리와 함께 하시며 보호하여 주신다고 했습니다.

고대 팔레스타인에는 이리가 들에서 양들을 습격하는 경우가 많았습니다. 더 심한 경우는 사자나 곰이 습격하여 목자가 거의 손을 쓸 수 없

을 때도 있습니다. 그런데 삼상 17:34-35절에 보면 다윗은 양떼들을 지킬 때 곰이나 사자를 물리치고 보호했다고 고백했습니다. 지금 우리의 목자는 다윗보다 더 위대하시고, 능력이 많으신 야훼이십니다.

그러면 하나님께서 어떻게 우리를 보호합니까? 시편 17:8절에 보면 "나를 눈동자같이 지키시고, 주의 날개 그늘 아래 감추사"라고 했습니다.

(예화) 눈을 보호하기 위해서 겉눈썹, 속눈썹, 눈꺼풀, 눈물샘 주머니, 눈동자, 손과 발로 보호.

세상에서는 아내와 함께하고, 남편이 함께하고, 자식이 함께하는 것이 큰 위로가 됩니다.

그러나 그들은 언제나 함께하지는 않습니다. 감옥에 달 때도 함께 못하고, 대수술을 받을 때도 함께하지 못합니다. 여러 해 전에 제가 코 수술을 받은 적이 있는데 누워서 여러 개의 문을 통과하는데 얼마나 무서운지, 더구나 우리가 죽을 때도 혼자 가야 합니다. 그러나 중요한 것은 주님은 언제나 함께 하십니다.

마 28:20절에서도 "볼지어다. 내가 세상 끝날까지 항상 너희와 함께 있으리라"고 약속했습니다. 그냥 함께하시는 것이 아닙니다. 지팡이와 막대기로 안위해주십니다. 여기서 지팡이는 모세에게 들려주셨던 능력의 지팡이를 의미하고, 막대기는 잘못했을 때 징계하는 나무 막대기를 말합니다.

우리는 어려운 일을 당할 때나 심지어 잘못을 범할 때에도 주님은 지팡이와 막대기로 우리들을 안위해 주십니다. 그래서 마침내 승리케 하여 주십니다. 할렐루야.

(4) 내 잔이 넘치게 채워주심

넷째로 목자 되신 하나님께서는 내 잔이 넘치게 채워주십니다. 5절에 보면 우리들에게 상을 베풀어주시고, 잔이 넘치게 채워주시고 부어주신 다고 했습니다. 이 잔치의 비유는 신약성경에 보면 많이 나옵니다. 천 국에 갈 때에도 '어린 양의 혼인잔치'로 비유하고 있습니다.

그것도 놀라운 것은 원수의 목전에서 잔치를 베풀어 주신다고 했습니 다. 그 구체적인 예가 누가복음 16:9절 이하에 나옵니다. 그 부자와 나 사로의 이야기는 이런 것입니다. 나사로는 이 세상에서 살 때에 부자의 상에서 떨어지는 부스러기로 먹고 살았다고 했습니다. 그러나 죽은 뒤 에는 그 신분이 뒤집어졌습니다.

나사로는 천사들에게 들어올림을 받아 아브라함의 품에 안겼고, 부자 는 음부에서 고통을 받았다고 했습니다. 왜 하필이면 원수의 목전에서 상을 베풀어 주는 것일까요? 그것은 이 땅에서의 한을 풀어 주기 위해 서입니다.

우리 한국 사람들은 한이 많은 민족입니다. 외국의 침략을 많이 받았 고, 권력자들에게서 눌림을 많이 받았기 때문입니다. 그래서 한 타령이 많습니다. 우리나라의 판소리가 한의 음악입니다. 심지어 우리의 민요 에도 그런 것을 볼 수 있습니다.

(예화) 한국의 민요인 아라랑(아리랑이 우리 민족의 최초의 찬송가)인 것을 아십니까? 아리랑의 '올'이란 말은 수많은 생명을 낳는 모체, 근원의 하나님을 뜻합니다. 씨알 등. 그런데 하나님은 보통 알이 아니라 큰 알, 그래서 한(관형사)＋알＝ 하알님＝하나님, 히브리어로 하나님을 엘(EI), 아람어로 알라(allah)도 바로 이 알이란 말에서 파생한 것입니다. '이랑'이란 말은 with(함께) 란 말입니다. 고개란 말은 동방의 산악지대인 '파마를 고원'을 넘어 알타이 산맥을 넘어갔다는 뜻. 그러므로 아리랑은 "하나 님과 함께, 하나님과 함께 하나님이요, 하나님과 함께 고개를

넘어간다고 해석할 수가 있습니다. 이것을 보면 하나님 중심 사상, 신본주의 정신을 볼 수 있습니다. "십리도 못 가서 발병 난다"는 말은 악담이나 저주가 아니라 발병이 나서라도 떠나 가지 못하고 나의 품으로 돌아오라는 회귀의 소원이요 사랑의 표현인 것입니다. 성경에 보면 에벨 혈통으로 셈족 중에서 특별히 선택을 받은 셈족의 종가가 바로 욕단인데 그는 하나님을 아는 백성이었습니다. 그가 빛의 근원이신 하나님을 공경하기 위해서 해를 따라 일이랑 고개를 넘어 이동하다가 백두산과 그 변두리로 배달나라('붉'은 땅)에 배달겨레의 조상이 되었습니다.

(5) 하나님은 평생 축복하심

끝으로 중요한 것은 이런 하나님의 축복은 평생에 계속해서 따라오면서 주신다는 것입니다. 언제까지? 하나님의 나라에 갈 때까지 영원토록 주신다는 것입니다. 6절에 보면 "선하심과 인자하심이 정녕 나를 따르리니"라고 했습니다.

영국 사람들의 전통적인 축복의 개념은 마차를 타고 다닐 때 마차에 두 종이 항상 따르며 시중을 드는 것이라고 합니다. 그런데 우리에게도 두 종을 하나님께서 보내주셔서 우리들을 시중들게 하신다고 했습니다. 하나의 종의 이름은 '선하심'이란 종이고, 다른 한 종의 이름은 '인자하심' 즉 사랑이란 종입니다.

그러므로 우리의 목자 되신 주님은 항상 우리들을 선하신 곳으로 인자하신 곳으로 인도해 주십니다. 여러분, 참 축복을 무엇이라고 생각하십니까? 하나님의 선하심과 인자하심이 항상 따라 오는 것입니다. 이제 바라기는 이번 부흥성회에 참석한 모든 분들에게 이런 귀한 축복이 죽는 날까지 따라오기를 축원합니다.

맺는말

오늘 우리는 하나님과의 바른 관계 회복을 통해서 나 자신과의 관계가 회복되고, 가족과의 관계가 회복되고, 이웃과의 관계도 회복되고, 부족함이 없는 삶을 살게 되는 비결을 살펴보았습니다. 그 이상 더 필요한 것이 있습니까? 없습니다. 그러므로 중요한 것은 회복의 은총을 받아야 합니다. 하나님과의 관계가 목자와 양의 관계로 회복만 되면 만사형통의 복을 받을 줄로 믿습니다. 그래서 정말 꼭 필요한 사람이 다 되시기를 축원합니다.

가이사랴로 호송되는 바울

(행23:23-35)

1. 주님의 제자가 되려면

주님을 따르는 제자들은 주님의 '고난에 동참해야' 한다는 것입니다.

물론 예수 믿는 것은 축복입니다. 우리 영혼이 잘됨같이 범사에 잘되며 강건하여지는 복을 받습니다. 그러나 그것이 전부는 아닙니다.

바로 믿으려면 먼저 시간적인 희생이 따릅니다. 봉헌할 물질로 인해서 경제적인 희생이 따릅니다. 그래서 로마서 8:17절에 "우리가 그와 함께 영광을 받기 위해서 고난도 함께 받아야 할 것이라"고 했습니다.

우리는 일부러 고난을 받을 필요는 없습니다. 그러나 우리들에게 고난이 올 때에는 피하지 말아야 합니다.

2. 뜻을 이루어 가심

하나님은 언제나 당신의 뜻을 이루어 가신다는 점입니다.

때로는 보호하시고, 때로는 권능으로 힘을 주십니다.

본문에 보면 바울을 보호하기 위해서 보병 200명, 마병 70명, 창군 200명을 준비하여 주셨습니다. 그 이유는 천부장이 바울을 죽이려는 유대인들의 공모를 알고 있었기에 그것을 방비키 위한 것이었습니다.

하나님께서는 470명의 군대와 천부장의 특별 보고서와 혜롯의 궁에 바울을 연금함으로 바울을 보호하셨습니다.

3. 어떤 상황에서든 굴하지 않음

그러므로 우리들은 어떤 상황에 처하든지 굴하지 말고, 견고하게 서서 주님의 사역을 감당해야 할 것을 교훈해 줍니다.

막 13:9절에 "너희는 스스로 조심하라. 너희를 회당에서 매질하겠으며 나로 인하여 너희가 관장들과 임금들 앞에 서리니 이는 저희에게 증거 되려 함이라".

바울이 총독 앞에 왜 섰습니까?

(1) 죄가 있어서가 아님

외형적으로는 재판받기 위해서지만 실제로는 말씀을 증거하고, 저들을 영적으로 책망하기 위해서입니다.

(2) 기도가 응답되었기 때문

바울의 기도가 응답되었기 때문입니다. 하나님께 지금의 형태로 바울을 로마로 보내시려고 한 것은 총독 앞에서 설교를 할 수 있는 기회를 주기 위해서였습니다.

당시에 바울은 죄수의 몸으로 갔기 때문에 박해자들에게는 복음을 증거 하는 기회가 되었습니다. 우리의 방법보다 하나님의 방법이 가장 좋습니다.

가정회복의 중요성

(시11:1-3)

1. 가정이란 무엇인가?

가정은 심히 좋은 곳입니다. 그래서 "사람이 독처하는 것이 좋지 못하다"(창2:18)고 하시면서 하나님께서 아담과 하와의 결혼을 주례해주셨다. 가정이 무엇인가요? 가정은 서로 도와주는 곳입니다. 가정은 미래의 꿈을 키워주는 곳입니다.

그래서 영어에는 House와 Home의 차이점이 있습니다. 가정이란 한 마디로 말해서 행복을 맛보는 시음장, 행복을 만들어내는 공장, 행복을 가르치는 학교입니다. 그래서 가정은 에덴동산을 상실한 우리들에게 하나님이 주신 이 땅이 천국입니다.

2. 가정의 기본 기능은?

결혼이란 남녀의 만남에서 시작됩니다. 그런데 이 결혼은 크게 세 단계를 통하게 됩니다. ① 밀월단계 ② 현실단계 ③ 수용단계가 있습니다. 부부관계를 보면 10대에는 서로가 꿈속에서 그리면서 살고, 20대에는 서로가 신이 나서 살고, 30대에는 서로가 이혼하고 싶지만 자식 때문에 참고 살고, 40대에는 서로가 체념하며 살고, 50대에는 서로가 가여워서 살고, 60대에는 서로가 필요해서 살고, 70대에는 그동안 해준 것이 고마워서 삽니다.

그러면 가정의 기본 기능은 무엇인가요?

(1) 세 가지의 기본 욕구를 만족시켜 줌

첫째는 가깝게 있고 싶은 욕구

둘째는 자기 표현의 욕구(특히 자녀들을 통해서)

셋째는 의미와 보람의 욕구를 위해서입니다.

(2) 신망애를 가르치는 학교(쉐마 교육을 통한 유대인들의 영향력)

남편＝제사장의 역할. 믿음을 길러줌

아내＝사랑의 표본

부부＝함께 소망을 만들어감

(3) 잃은 것을 다시 회복시켜주는 곳

이것을 관계의 정상화라고 부릅니다. 미래 학자인 토플러는 「미래의 충격」이라는 책에서 이 정보화의 시대에는 많은 가정이 붕괴될 것이라고 예언했습니다. 한국에서는 30%가 결혼 5년 이내에 이혼을 하는 사람들의 70%가 된다고 하였습니다.

사탄의 작전 중에서 제일 무서운 것이 바로 가정의 파괴 작전입니다. 특히 이미 자녀 중에 누가 한 사람이라도 교도소에 있을 때에는 한 사람에게만 책임이 있는 것은 아니라는 것을 알아야 합니다. 공동의 책임입니다. 그런데 그것을 회복하는 것이 가정입니다.

(4) 제단을 쌓아 하나님으로부터 은혜를 받아야 함

결혼은 누구에게나 위기란 것이 찾아옵니다. 그것을 '사추기'라고 부른다. 특별히 빈 둥지의 허무를 느끼는 40대 후반부터 일어납니다. 회당에 가보면 '메노라'라는 것이 있습니다. 가운데에 있는 촛대와 가장자리에 있는 촛대가 서로 연결되어 기름을 공급해줍니다. 가정에도 이 제사장적 직무가 절대적으로 필요합니다.

각양 좋은 은사와 선물을 받으려면

(약1:16-18)

우리는 각양 좋은 은사와 선물이 필요합니다. 그러면 각양 좋은 은사와 선물을 받는 비결은 무엇입니까?

1. 은사가 오는 곳

그것이 '어디로부터 오는가를 먼저 알아야' 합니다.

많은 사람들은 속고 있습니다. 그래서 16절에서 "내 사랑하는 형제들아, 속지 말라." 왜 이 말씀을 하고 있을까요? 그것은 많은 사람들이 속아 살고 있기 때문입니다. 물론 우리는 무지해서 속습니다. 그러나 중요한 것은 마지막 것까지 속으면 안 됩니다. 그것은 바로 천국에 관한 것입니다. 세상에서는 속아도 회복할 수 있는 기회가 있습니다. 그러나 죽은 후에는 다시 회복할 기회가 없습니다. 그러므로 우리는 이단 종교에 속지 말아야 합니다. 거짓 종교에 속지 말아야 합니다. 거짓된 교훈에 속지 말아야 합니다.

2. 은사와 선물

우리에게 각양 은사와 선물을 주시는 하나님은 어떤 분이십니까?

(1) 변함이 없으신 분임(17절).

"그는 변함도 없으시고." 이 세상의 모든 것은 다 변합니다. 그러나 하나님은 변함이 없으신 영원하신 분이십니다. 어제나 오늘이나 내일이나 영원토록 변함이 없으신 동일하신 분이십니다. 우리는 찰떡같이 약속하고도, 개떡같이 어깁니다. 그러나 하나님은 신실하신 분이기 때문에 우리들에게 주신 모든 약속을 지킵니다. 우리가 일방적으로 어겨도 하나님은 절대로 어기지 않습니다. 이처럼 하나님은 변함이 없으신 분이십니다. 그러므로 변하는 것이 인생이라고 하지만 하나님께 향한 우리들의 믿음만은 변하지 말아야 합니다.

(2) 하나님은 회전하는 그림자도 없으심(17절).

이 세상에서 가장 확실한 것은 태양이 있다는 것이고 또 이 태양은 변함이 없습니다. 그런데 이 태양도 변하는 그림자가 있습니다. 아침이 있고, 정오의 낮이 있고, 저녁이 있고, 심지어 밤이 있습니다. 그러나 하나님은 변함이 없으신 분이십니다. 하나님은 회전하는 그림자도 없습니다.

우리 가운데 그림자가 없는 사람이 어디 있습니까? 다 그림자가 있습니다. 그러나 하나님은 그림자도 없으십니다.

3. 은사를 받는 비결

그러면 각양 좋은 은사와 선물을 받는 비결은 무엇일까요?

(1) 하나님의 첫 열매

먼저 하나님의 첫 열매가 되어야 합니다. 구약 성경에 보면 첫 열매는 반드시 하나님께 바쳤습니다. 왜냐하면 하나님은 첫 열매를 특별히 택하셨기 때문입니다. 그래서 장자들에게 특별한 은사와 재산을 주셨습니다. 그런데 우리 성도들은 세상으로부터 택하심을 입은 피조물의 대표입니다.

세상에는 우리보다 잘난 사람들이 많이 있습니다. 돈 있는 사람도 있고, 지식이 많은 사람도 있고, 지위가 높은 사람도 있습니다. 그런데도 하나님은 저와 여러분을 택하여 주셨습니다.

첫 열매가 된다는 말은 성도가 된다는 뜻입니다. 그러면 하나님은 우리의 필요한 것을 반드시 채워주십니다. 흔들어 넘치도록 주십니다. 각양 좋은 은사와 선물을 주십니다.

(2) 진리의 말씀으로 다시 낳음

다음은 하나님의 뜻을 좇아 '진리의 말씀으로 다시 낳음을 받아야' 합니다.

18절에 "그가… 우리로… 진리의 말씀으로 낳으셨느니라"고 했습니다. 즉 중생함을 받아야 각양 좋은 은사와 선물을 받습니다. 그냥은 안 주십니다. 그러면 언제 중생함을 받습니까? 진리의 말씀으로 중생합니다. "하나님의 말씀은 살았고, 운동력이 있어 좌우에 날선 어떤 검보다 예리하여 혼과 영과 관절과 골수를 찔러 쪼개기까지 하며 또 마음의 생각과 뜻을 감찰하나니."

거역할 수 없는 소명

(행26:19-32)

1. 소명받는 귀

사람들은 다 소명을 받지만 모든 사람들이 다 들을 수 있는 것은 아닙니다. 영의 귀가 열릴 때 비로소 들을 수 있습니다.

그러면 언제 영의 귀가 열립니까?

(1) '거듭날 때' 영음을 들을 수 있음

그러나 소리의 종류는 각각 다릅니다.

(2) '기도할 때' 영음이 들림

기도만 하면 주님께서는 말씀하십니다. 일반적으로는 아주 세미한 소리로 말씀하십니다.

(3) 말씀을 묵상 할 때

'말씀을 묵상 할 때' 주님의 음성을 들을 수 있습니다. 성경에 들어가야 합니다. 성경에는 주님이 말씀하신 것을 기록했지만 그 말씀이 내게 다시 들려오는 것입니다.

(4) '믿음의 사람들을 통해서' 소명이 임합니다.

2. 소명 받을 의무

왜 우리들은 소명을 받아야 하는가?

(1) 하나님의 뜻을 이루기 위해

우리를 창조한 '하나님의 뜻을 이루기 위해서'입니다. 저와 여러분들은 하나님께서 창조하실 때 목적이 있습니다. 그 뜻을 이루어야 합니다.

(2) 재능을 발휘하기 위해

내가 가진 최고의 '재능을 발휘'하기 위해서입니다.

우리들은 다 그 나름대로 필요하기 때문에 하나님께서 창조하신 것입니다. 나 같은 것은 아무데도 쓸모없는 존재라고 생각하면 안 됩니다.

(3) 하나님을 기쁘게 해드리기 위해

'하나님을 기쁘'게 해드리기 위해서입니다.

하나님께서는 영광을 받으시기를 원하십니다. 그래서 우리들이 하나님께 영광을 돌릴 때 하나님께서는 기뻐하십니다.

(4) 영광을 돌리기 위해

'하나님께 영광'을 돌리기 위해서입니다.

3. 소명 듣는 비결

우리는 소명을 어떻게 들을 수 있나요?

(1) 창조주 하나님의 소명을 믿어야

먼저 나를 창조하신 하나님의 소명을 믿어야 들을 수 있고, 알 수 있습니다. 나는 우연히 창조된 것이 아니라 하나님의 목적이 있어서 창조되었다는 것을 믿어야 합니다.

(2) 설교의 핵심을 들어야

설교의 핵심을 들어야 합니다. 설교는 지금 이 시대에 주시는 하나님의 음성입니다. 주의 종은 하나님께서 쓰시는 그릇입니다.

(3) 성령과 동행하여야

매일 성령과 동행하여야 합니다.

성령은 성경 안에서 성경을 통하여 성경과 함께 역사합니다.

(4) 기도로 주님의 뜻을 찾아야

기도는 하나님께서 말씀하시는 것을 듣는 것입니다. 물론 내가 소원을 말씀하기도 하지만 그것이 전부는 아닙니다.

4. 소명대로 살 때에 주시는 하나님의 축복

(1) 소명 준수

소명대로 살 때에 처음에는 불편하고, 고통스럽고, 괴로움이 오기도 하고, 불편함을 느낄 때도 있습니다. 그러나 잘 인내할 때에 점차 모든 것이 내게 유익이 됩니다.

(2) 소명 따라 살 때

소명 따라 살게 되면 자신이 가지고 있는 모든 재능을 다 발휘 할 수 있는 기회가 옵니다. 소명을 받기 전에는 하나님이 주신 재능이 있는지 잘 모르나. 소명에 응답할 때에 하나님이 내게 주신 재능이 드러나게 되고 잘 활용할 수 있습니다.

(3) 일을 할 때 성취감을 느낄 수 있습니다.

(4) 후손에게 열매 상속

후손들에게 귀한 열매를 상속 시킬 수 있습니다. 하나님을 믿는 믿음을 상속 시키고, 믿음의 가정이라는 이름을 상속 시키게 됩니다.

(5) 천국에서 칭찬받는 성도

천국에 가서 잘했다 칭찬받는 성도들이 됩니다. 주님 앞에 설 때에 참 잘했다는 칭찬을 받는 것입니다. 그리고 의의 면류관, 생명의 면류관을 쓰는 것입니다.

거짓 사도의 입맞춤

(마26:47-56)

본문 47절에 보면 '큰 무리'가 검과 몽치를 가지고 왔다고 하였습니다. 여기서 우리는 군중의 철학을 볼 수 있습니다. 우리는 다 어쩔 수 없이 군중 속에서 사는 사회적 존재입니다. 그러나 군중의 철학을 따라 살면 안 됩니다. 왜냐하면 하나님의 뜻과 반대가 되기 때문입니다.

1. 검과 몽치를 가지고 온 무리들.

(1) 폭력에 의존하는 무리들

53절에서 예수님은 전쟁과 폭력이 기독교 정신과 서로 배치되는 것을 말씀하고 있습니다. 놀라운 것은 이 큰 무리들 가운데서 산헤드린 사람들, 장로들은 레위인에게 속한 경비병들이 포함되어 있다는 점입니다. 아무리 지성인이라도 무리 속에 있을 때에는 양심대로 하지 못합니다.

(2) 무지한 무리들

무리는 생각하지 않습니다. 다만 감성대로 할 뿐입니다.

(3) 다수만 믿는 무리들

모세가 12명의 정탐꾼을 보냈을 때에 사람들은 10명의 다수의 보고를 더 신뢰하였습니다. 그러나 신앙과 진리는 다수에 의해서 결정되는 것은 아닙니다.

2. 랍비여, 안녕하시옵니까?(49절)

인간은 인사를 잘해야 성공합니다. 왜냐하면 관계를 잘 가져야 하기 때문입니다. 그러나 이 인사를 통해 추구하는 것이 사람마다 각각 다릅니다.

(1) 사랑의 인사가 있고,

(2) 위선의 인사가 있고,

(3) 배신의 인사가 있다.

이 배신의 인사에서 우리는 가룟 유다의 뻔뻔스럽고, 가증스러움을 볼 수 있습니다. 이것이 바로 나의 얼굴이고 여러분들의 얼굴임을 기억하십시오.

3. 친구여 네가 무엇을 하려고 왔는지 행하라(50절).

(1) 배신을 사랑으로 갚으시는 주님이시다.

(2) 하나님의 뜻을 이루기 위하여 말씀하신 것이다.

4. 검으로 망할 검을 가진 사람들(52절).

칼은 정당하게 사용될 때가 있습니다. 국가를 지키고, 사회의 혼란, 약탈을 막기 위해서 필요합니다. 그러나 복음을 전파하고 유지시키는 데는 사용할 필요가 없습니다. 그래서 '네 검을 도로 꽂으라'는 말씀대로 해야 합니다. 여기서 주님은 자신의 목적을 방어하고 변호하기 위해서 세속적인 무기를 사용하는 것을 힐책하셨습니다. 그러면서 "검을 가지는 자는 다 검으로 망 하느니라"고 하셨습니다.

(1) 폭력에 의존하면 교만해진다.

(2) 폭력에 의존하면 이성을 잃게 된다.

(3) 폭력은 폭력을 부른다. 그러므로 폭력을 사용해서는 안 된다.

겨울 준비합시다

(창8:20-22)

본문 22절에 보면 "땅이 있을 동안에는" 겨울이 존재한다고 했습니다. 홍수 심판 후에 노아가 번제를 드렸을 때에 하나님은 아벨의 제사처럼 받아주시고 약속을 내리셨습니다. "내가 다시는 사람으로 인하여 땅을 저주하지 아니 하리"라고. 그리고 무지개 언약을 맺으셨습니다. 그 후부터는 사계절은 이 땅에 계속해서 돌아옵니다.

1. 겨울의 영적 의미

(1) 삶의 의미

삶의 덧없음을 말해줍니다.

(2) 자연의 섭리와 하나님의 섭리

자연의 섭리는 변함이 없고 준엄하듯이 하나님의 섭리도 준엄함을 보여 줍니다. 우리가 원하든 원치 않든지 세상은 결코 영원하지 않고, 그 종말도 확실히 있고 또 옵니다.

(3) 영적 겨울의 형벌

영적 겨울은 하나님의 뜻을 어기고, 그의 맡겨주신 일을 게을리 했을 때 내리는 형벌임을 알아야 합니다.

(4) 소생의 섭리

겨울 후에는 봄이 오듯이 모든 것은 다시 소생한다는 것을 믿어야 합니다. 지금 겨울 같은 고난을 당하는 분들이 계십니까? 모든 것이 소생하는 봄 같은 날이 온다는 것을 의심치 말고 믿으시기 바랍니다.

2. 겨울 준비는 어떻게?

(1) 역사의 겨울준비

역사의 겨울을 위해서 준비해야 합니다. 지금 서양의 문화는 가을을 지나 점차적으로 겨울을 향해서 달려가고 있습니다. 역사의 겨울은 바른 역사의식을 가지고 해결해야 합니다.

(2) 인생의 겨울준비

인생에도 겨울이 옵니다. 소년시절의 봄이 있고 청년시절의 여름이 있고, 열매를 맺는 가을이 있고, 죽음을 준비해야 하는 노년의 겨울이 있습니다.

(3) 영적 겨울준비.

가장 큰 문제는 영적 겨울인 죽음을 어떻게 준비하느냐입니다. 영적 죽음은 순서가 없습니다. 그래서 우리는 항상 죽음을 준비해야 합니다. 그것은 하나님께 바칠 인생의 보고서를 준비해야 된다는 것입니다.

아모스 4:12절에 "이스라엘아, 네 하나님 만나기를 예비하라"고 했습니다. 먼저 하나님 만날 준비를 해야 합니다.

개인적 종말뿐 아니라 우주적 종말인 주님의 재림이 다가오고 있기 때문에 우리는 슬기로운 다섯 처녀들처럼 기름을 준비해야 합니다(마 24:44). 또 벧전 4:7-8절에서는 "만물의 마지막이 가까웠으니 그러므로 너희는 정신을 차리고 근신하여 기도하라. 무엇보다도 열심히 사랑할지니 사랑은 허다한 죄를 덮느니라"고 하였습니다. 그러므로 소망을 가지고 미래를 위해 할 수 있는 것을 준비하는 것이 필요합니다.

견고한 신앙으로 나아가려면

(히6:9-12)

신앙은 구원을 받는 영적인 손입니다. 축복을 받는 손이기도 합니다. 또 세상을 이기는 방편이기도 합니다. 그 신앙은 견고한 신앙입니다.

1. 신앙의 종류

먼저 신앙의 종류부터 말씀드리겠습니다.

(1) 형식적인 신앙

행함이 없는 형식적인 신앙이 있습니다.

습관으로 기도하고, 체험이 없이 교회에 나오지만 월요일부터 토요일까지는 예수님과 상관없는 삶을 사는 사람이 바로 형식적인 신앙인입니다.

(2) 끌려 다니는 신앙

사람에게 끌려 다니는 어린 신앙이 있습니다.

체험이 많지 않아서 세상과 타협하고, 그러면서도 양심의 가책을 느끼며 괴로워하는 신앙입니다. 교회에 나와서 봉사는 하지 못하고, 그저 피동적으로 믿는 사람들입니다.

(3) 장성치 못한 신앙

발목, 무릎, 허리에만 영향을 주는 장성치 못한 신앙도 있습니다.

겔 47:3-5절에는 네 가지 유형의 교인들을 말하고 있습니다. 교회만

왔다 갔다 하는 은혜를 받은 발목의 신앙, 기도의 체험이 있는 무릎의 신앙, 봉사의 기쁨을 누리는 허리의 신앙, 성령의 깊은 체험을 한 강과 같은 신앙이 있습니다.

(4) 견고한 신앙

그러나 장성한 신앙, 견고한 신앙이 있습니다.

이런 사람은 꼭 필요한 그런 신앙인입니다.

2. 견고한 신앙을 가지려면?

(1) 부지런함을 나타내야

각 사람이 동일한 부지런함을 나타내야 합니다(11절 상).

사실 예수 잘 믿으려면 부지런하지 않으면 힘듭니다. 남보다 먼저 일어나야 하고, 때로는 밤을 새워야 하고, 필요할 때에는 헌금도 내는 희생이 있어야 합니다. 어디 그것뿐입니까? 성경도 매일 읽어야지요. 교회에 무슨 행사가 있으면 나가야지요. 사실 다른 것 아무것도 안 하고 그저 교회 일만 하기도 바쁜 것이 사실입니다. 그래서 견고한 신앙을 가지려면 부지런해야 합니다.

(2) 끝까지 소망의 풍성함에 이르려고 힘써야(11절 하).

하나님께서는 우리에게 줄 풍성한 축복을 준비하고 기다리고 있습니다. 그런데 우리가 그릇을 준비하지 못해서 받지 못합니다. 그래서 우리는 소망의 풍성함에 이르기를 힘써야 합니다. 어떻게 소망의 풍성함에 이를 수 있습니까?

첫째로 하나님의 약속을 믿고, 그 약속을 굳게 잡아야 합니다.

둘째로 내 힘으로만 하려고 하지 말고, 주님과 동행하여야 합니다.

셋째로 믿음을 더하려고 기도하고, 말씀을 묵상해야 합니다.

넷째로 나를 보내주신 주님의 뜻을 중심으로 모든 일을 하면서 살아야 합니다.

끝으로 재림의 주님을 기다리는 삶을 살아야 합니다.

(3) 선진들의 믿음을 본받아야(12절).

히브리서 11장에는 수많은 믿음의 선진들이 나옵니다. 그 중에서 우리는 아브라함이 아들 이삭을 제물로 바치는 절대 신앙을 본받아야 합니다. 모세처럼 왕궁에서 하나님 없는 호화로운 생활보다 그의 백성들과 고난당하는 것을 기쁨으로 삼았던 그 신앙도 훌륭합니다. 다니엘처럼 포로 생활을 하면서도 날마다 우상에게 절하지 않고, 기도하기로 뜻을 정하고 살았던 그 믿음도 본받아야 합니다. 이런 수많은 사람들의 믿음을 본받아 살 때에 우리들은 견고한 신앙을 가질 수 있습니다.

고난 속에 우리가 해야 할 것은?

(벧전3:8-12)

우리가 세상을 살아가는데 있어서 고난이란 언제나 따라옵니다. 사회에 적응하지 못해서 당하는 고난, 수입도 작고, 적성에 맞지 않은 직장에서 참고 견디어야 하는 고난, 가족 간에 가지는 갈등, 심지어 교회에서까지 당해야 하는 고난 등등 너무도 많습니다. 그러면 이런 고난 속에서 우리 성도들은 어떻게 해야 합니까? 무엇보다도 마음이 하나 되어야 합니다("마지막으로 말하노니 너희가 [마음을 같이하여]").

성도들끼리 마음을 같이하고, 가족들끼리 마음을 같이해야 합니다. 또 개인에게 있어서도 갈등이 아니라 하나의 마음을 가져야 합니다.

1. 마음이 하나 되는 비결은?(8-9절)

(1) "체휼하며"(새번역:"동정하며")

감정을 같이하라는 뜻입니다. 이것은 다른 사람의 기쁨에 나도 함께 기뻐하고, 다른 사람들의 슬픔에 나도 동참하는 것을 말합니다. 그러나 우리는 자기의 손톱 밑에 든 가시는 크게 생각하면서 남의 심장에 든 병은 아프지 않은 법입니다. 그러나 성경은 마음을 같이하라고 합니다.

(2) 사랑으로 한 몸 되는 것

우리 성도들은 다 하나님 안에서 한 형제, 한 자매이기 때문에 서로 사랑함으로써 한 몸된 교회를 온전히 이루어갑니다. 사랑이란 관심을 가지는 것이고, 존경하는 것이고, 이해하는 것이고, 필요한 것을 서로 나누는 것입니다.

(3) "불쌍히 여기며" 불쌍히 여기는 것

우리는 다 한 공동체이기 때문에 주님께서 가지셨던 그 불쌍히 여기는 마음을 가져야 합니다. 그러나 우리는 무관심합니다.

(4) "겸손하며" 또 겸손한 것

기독교의 덕목 가운데 가장 중요한 것이 바로 겸손입니다. 겸손은 하나님의 축복을 담는 보석상자이기 때문입니다.

(5) 악을 악으로, 욕을 욕으로 갚지 말 것

9절 상, "악을 악으로 욕을 욕으로 갚지 말고"라고 했습니다.

악을 악으로 갚는 것은 세상 사람들의 행위입니다. 성도들의 차이점은 악을 악으로, 모욕을 모욕으로 갚지 않는 것입니다.

(6) 도리어 복을 빌어주는 것

9절 중, "도리어 복을 빌라" 중요한 것은 선한 사람들, 가까운 사람들에게 복을 비는 것이 아닙니다. 악인들에게 복을 빌라는 것입니다. 이것은 참으로 어렵습니다. 저도 이것 때문에 고민을 많이 합니다. 그러나 원수를 사랑하라는 것이 바로 주님의 교훈입니다.

왜 그래야 하는가? 왜 주님은 이런 힘든 것을 우리들에게 요구하시는가? "이를 위하여 너희가 부르심을 입었으므로"라고 했습니다.

우리의 사명이 바로 원수 사랑이란 것입니다. 그래서 저는 힘을 달라고 기도합니다. 도저히 감당할 수 없는 것이기 때문에 힘을 달라고 기도할 뿐입니다.

이렇게 할 때의 결과는? "이는 '복을 유업으로 받게' 하려 하심이라". 복을 받는 비결이 바로 원수 사랑에 있기 때문이란 것입니다. 이것을 우리는 몰랐습니다. 그저 달라고만 했지 그 비결을 몰랐습니다. 이제 그 비결을 배울 수 있기를 바랍니다.

2. 좋은 날 보기를 원하면서 살아야(10-11절).

좋은 날 보기를 원하는 사람의 삶이란 어떤 것인가요?

(1) 혀는 재갈을 먹여야

"혀를 금하여 악한 말을 그치며"(10절 상). 혀는 내 마음대로 안 됩니다. 혀는 재갈을 먹여야 합니다. 다른 길이 없습니다. 제 마음대로 돌아갑니다.

(2) 입술로 궤휼을 말하지 말아야

"그 입술로 궤휼을 말하지 말고"(10절 하). 최근에 보면 신자들이 거짓말을 보통으로 합니다. 아닙니다. 거짓말은 하지 말아야 합니다.

(3) 악에서 떠나야

"악에서 떠나 선을 행하고"(11절 상). 우리가 떠날 것이 있습니다.

(4) 화평을 구해야

"화평을 구하여 이를 좇으라"(11절 하). 이를 좇으라는 말은 마치 이익을 좇으라고 오해할 수 있습니다. 그것이 아니라 화평을 좇으라는 뜻입니다. 왜 우리는 그렇게 해야 합니까? 그 이유를 12절에서 말씀하고 있습니다.

첫째로 "주의 눈은 의인을 향하시고"

둘째는 "그의 귀는 저의 간구에 기울이시되"

셋째는 "주의 낯은 악행하는 자들을 향하시느니라."

그러므로 우리는 고난 속에서도 항상 화평을 좇을 수 있기를 축원합니다.

고난과 구원

(행5:17-25)

1. 핍박에서 특기할 사항 두 가지

(1) 핍박하는 자가 종교지도자들과 세상 지도자들이었음

핍박하는 자가 종교지도자와 세상 지도자들이라고 했는데 본문에 보면 동기는 '시기가 가득하여'였습니다.

(2) 핍박의 내용

'잡아다가 옥에 가두었더니', 이것은 말씀을 증거 하는 사람들을 제한하고, 놀라게 하고, 두렵게 하기에 충분하였습니다. 오늘날의 핍박은 고발, 투서, 루머의 조작 등입니다.

2. 기적적인 구원의 역사(19-21절)

당시 베드로와 요한이 당하고 있는 상황은 대단히 심각한 것이었습니다. 그때는 밤 이었고 그들은 감옥에 갇혀 있었습니다. 그냥 갇힌 것이 아니라 이중으로 갇혀 있었습니다.

감옥의 문 밖에는 간수들이 지키고 있었습니다. 더구나 다음날 아침에는 재판을 받을 예정으로 있었습니다. 그야말로 큰 위기에 놓여있었습니다.

여기서 주목할 것이 세 가지가 있습니다.

첫째 하나님의 구원의 역사가 천사들을 통하여 일어났다는 점입니다.

18절에 "주의 사자가 밤에 옥문을 열고 끌어내어 가로되" 지금도 때때로 하나님은 천사들을 통하여 우리들의 길을 인도하시기도 하고, 구원의 역사를 이루어 가십니다.

둘째 20절에 "가서 성전에 서서 이 생명의 말씀을 다 백성에게 말하라 하며." 세상에 이런 억지가 어디에 있는가? 감옥에 갇힌 사람에게 복음을 전하라는 것입니다. 그것도 원수들이 지키고 있는 성전에 가서 전하라는 것입니다. 지금도 하나님은 우리의 상식을 초월한 일을 명령하실 때가 있습니다. 그러니 그때에 비록 우리의 눈에는 불가능하게 보여도 하나님이 명령하시면 순종해야 합니다. 그러면 하나님이 준비하신 방법을 통해서 우리들을 인도하실 것입니다.

셋째 그런데 제자들은 21절에서 "저희가 듣고 새벽에 성전에 들어가서 가르치더니." 즉각적으로 순종했다는 점입니다. 이것은 죽을 각오 없이는 불가능한 것입니다.

3. 핍박자의 좌절과 당혹(21-25절).

(1) 핍박 자들이 모였다(21절).

(2) 제자들이 없어진 것을 발견하였다(22절)

(3) 의혹

24절에 "성전 맡은 자와 제사장들이 이 말을 듣고 의혹하여 이 일이 어찌 될까 하더니."

(4) 믿을 수 없는 일이 일어난 것을 발견

25절에 "옥에 가두었던 사람들이 성전에 서서 백성을 가르치더이다 하니." 하였습니다.

고난과 영광

(벧전3:19-22)

오늘의 요질은 22질의 말씀입니다. "저는 하늘에 오르사 하나님 우편에 계시니 천사들과 권세들과 능력들이 저에게 순복하느니라." 지금 우리 예수님은 큰 영광 속에서 통치하고 계십니다. 그러나 이 영광은 그가 하나님의 아들이기 때문에만 받은 것은 아닙니다. 그의 십자가의 고난을 통해서 얻은 것입니다. 주님은 십자가에 달리셨을 때에 "엘리 엘리 라마사박다니" 하시면서 고난을 당했습니다. 나의 하나님, 나의 하나님, 어찌하여 나를 버리시나이까 라는 뜻입니다. 세상에서 가장 큰 고난이 무엇인지 아십니까? 병들어 죽는 것입니까? 물론 고난입니다. 그러나 더 큰 고난이 있습니다. 그것은 하나님께 버림을 받는 것입니다. 그래서 지옥이 무서운 고난의 장소라는 것은 하나님께 영원히 버림받는 곳이기 때문에 지옥은 무서운 곳입니다.

예수님은 공개적으로 버림을 받았습니다. 나무에 달렸다는 것, 어두움이 찾아온 것이 바로 버림받은 증거입니다. 그래서 주님은 소리 질러 어찌하여 나를 버리시느냐고 부르짖었던 것입니다.

1. 고난은 반드시 영광의 축복이 따름(22절).

물론 세상에는 자신이 범한 죄로 인한 고난도 있습니다. 그러나 죄를 범하지 않으면서도 고난을 당할 때가 있습니다. 욥이 그랬고, 요셉이 그랬고, 예수님이 그랬습니다. 이런 때에는 하나님께서 반드시 보상을 하시고 상급을 주십니다. 믿습니까?

역사를 보면 수많은 위인들은 다 고난을 당했고, 그 결과 역사에 남을 뿐 아니라 천국에서도 상급을 받고 있습니다. 그러므로 고난을 재수 없이 당하는 것으로 오해하지 마시기를 축원합니다.

2. 사랑의 정도를 기록한 말씀

19절은 예수님의 사랑의 정도를 기록한 말씀입니다. 예수님이 얼마나 우리들을 사랑하셨느냐 하면 불복하는 자들에게까지도 복음을 전파하였습니다(19절).

이 구절은 연옥설로 흔히 해석되는 논란이 많은 구절입니다. 신학적인 난제입니다. 의견이 분분한 구절입니다. 특별히 천주교에서는 이 구절을 중심으로 연옥설을 주장하고 있습니다.

연옥설이란 천국과 지옥의 중간에 있는 중간 처소라고 말합니다. 세상에서 죄가 완전히 씻김을 받지 않은 사람들이 가는 고통과 연단의 장소라고 합니다. 이곳에서 받는 고통은 지은 죄의 경중에 따라 기간과 정도가 결정된다고 말합니다. 이들은 이곳에서 완전히 죄를 보상한 후에야 천국에 간다는 것입니다. 어떻게 보상합니까? 지상에 있는 가족, 친구들, 친척들에 의해서 드리는 미사, 헌금 각종 교회의 봉사에 의해서 된다고 말합니다. 그들은 주장하기를 예수님께서 이 연옥에 가셔서 그곳에 있는 자들에게 복음을 전하여 천국으로 인도하였다고 합니다.

그러면 '옥'이란 무엇입니까? 영으로라는 말은 무엇을 의미합니까? '영'이란 성육신하시기 전의 상태를 말씀한 것입니다. 옥이란 '죄의 결과로 사탄의 지배를 받는 세상'을 말씀한 것입니다. 이때에도 주님은 영의 상태에서 복음을 전파하였습니다. 구약시대를 보면 주님은 여러 가지의 형태로 나타나셨던 것을 볼 수 있습니다.

그러나 인간의 죽음 후에는 영생과 영벌의 두 가지 가능성 외에는 존재하지 않는다는 것이 기독교의 입장입니다. 예수님의 공로 외에는 천국에 갈 수 없으며 죽은 자를 위해서 기도드리는 것이 영향력을 미칠 수 있다는 성경적 근거는 어디에도 없습니다. 그러므로 우리는 살아있는 동안에 믿어야 하고, 살아 있는 동안에 기도해야 합니다.

3. 고난당할 때에 우리는 어떻게 해야 하나?

우리가 불신 사회에 살면서 남을 위해서 선을 행하며 무고히 고난을 당하는 경우가 있는데 이런 때에는 '그리스도를 본받는 것'입니다. 이것이 하늘의 상과 영광의 기업을 쌓는 것입니다. 바라기는 구원을 받을 뿐 아니라 하늘의 상과 영광도 저와 여러분들에게 넘칠 수 있기를 축원합니다. 구체적으로 어떻게 해야 할까요?

먼저 잠시 동안의 고난이 영원한 영광과 족히 비교할 수 없다는 것을 믿어야 합니다(롬8:18). "생각건대 현재의 고난은 장차 우리에게 나타날 영광과 족히 비교할 수 없도다." 그러므로 고난 속에서도 소망을 가질 수 있기를 바랍니다.

다음으로 우리가 해야 할 것은 주님의 경우에서 볼 수 있듯이 고난은 영원한 상급이 따른다는 것을 영의 눈으로 볼 수 있어야 합니다. 게다가 우리가 고난당할 때에 주님은 우리 곁에 함께 계신다는 것을 믿어야 합니다. 저는 최근 몇 주간 동안 심적 고난이 컸습니다. 그러나 지금은 얼마나 마음에 기쁨이 찾아오는지 모릅니다. 주님의 음성을 듣는 기회가 되고, 성도들의 사랑을 확인하는 기회가 되고, 주님을 더욱 의지하는 기회가 되었기 때문입니다. 그러므로 고난 속에서도 기뻐하면서 주님과 동행할 수 있기를 축원합니다.

고난으로 순종함을 배워

(히5:1-10)

주님께서는 고난으로 순종을 배워 온전케 되었습니다(히5:9). 하나님 앞에 복을 받으려면 믿음이 있어야 하는데 이 믿음의 표준은 바로 순종에 있습니다. 우리는 예수님께 배울 것이 많은데 그 중에 가장 중요한 것은 바로 순종입니다. 우리가 순종을 배우지 못하면 하나님이 주시는 복을 받지 못합니다.

성경에 보면 예수님은 12살 되었을 때에 율법의 아들로서 예루살렘에 올라가 유월절을 지켰고, 30세가 되었을 때에는 죄가 없으셨는데도 세례를 받으셨습니다. 가장 중요한 것은 하나님의 뜻에 순종하기 위해서 십자가를 지셨다는 것입니다.

주님이 당하신 고난은 그의 탄생에서부터 시작하여 십자가에서 죽으시기까지 계속되었습니다. 물론 하나님의 아들이시기 때문에 주님은 아버지 하나님께 순종합니다. 그러나 주님은 고난을 통해서 순종을 배웠다는 사실에 우리는 주목해야 합니다.

1. 순종의 의미

(1) 순종은 믿음의 열매

믿지 않는 사람이 순종한다는 것은 두려움 때문이거나 아니면 아첨하기 위해서일 뿐입니다. 진정한 순종은 오직 믿음을 통해서만 옵니다.

'코람데오' 이것은 칼빈주의의 목표입니다. '하나님 앞에서'라는 라틴어
입니다. '코람데오'의 생활일 때에만 순종이 가능합니다.

(2) 순종은 하나님께 영광을 돌리는 최고의 방법

순종은 제사보다 낫습니다(삼상15:22). 하나님은 모든 것을 아시기 때
문에 그에게 순종하면 모든 것이 잘 풀립니다. 중요한 것은 하나님께서
우리의 순종을 통해서 영광을 받으신다는 것입니다.

(3) 순종은 세상에서 축복 받는 최고의 방법

성경에 나오는 성공한 사람들은 다 순종의 사람들이었습니다. 망한
사람들은 다 불순종한 사람들이었습니다. 그러므로 우리는 순종을 통해
서 복을 받을 수 있습니다.

2. 고난을 통한 열매

고난을 받으면 여러 가지의 열매를 맺게 됩니다.

(1) 먼저 겸손해짐

뻣뻣했던 목이 부드러워지고, 고개를 숙일 줄 알게 됩니다. 그래서
교만이 사라지고 겸손해집니다. 하나님의 축복을 받는 최고의 방법은
겸손입니다. 겸손은 하나님의 복을 담는 그릇입니다. 그런데 이 겸손은
고난을 통해서 배우게 됩니다.

(2) 인내할 줄 앎

인내는 성령의 열매입니다. 이 인내가 없이는 큰일을 이룰 수가 없습
니다.

농부가 가을보리를 심고, 겨울 동안 추위와 눈 속에서 기다리지 못하
면 보리농사는 망하고 맙니다. 우리는 빨리 빨리 철학 대문에 인스탄트
문화에 빠져서 인내하지 못합니다. 그래서 죄를 짓고, 기도의 응답을
받지 못할 때가 많습니다.

(3) 모난 성품이 부드러워지고, 남을 포용할 줄 앎

지도자가 되려면 나와 의견이 다른 사람들을 포용할 줄 알아야 합니다. 그러므로 우리는 여기서 깎이고, 저기서 깎여야 합니다. 그래서 모든 사람들을 포용할 수 있어야 하는데 그것은 고난을 통하여 훈련이 됩니다.

(4) 하나님을 의지하게 됨

하나님을 의지하는 것은 약하기 때문이 아닙니다. 겸손하기 때문입니다. 그러나 많은 사람들은 교만하여 하나님을 의지하지 않고, 사람을 의지합니다.

3. 순종이 주는 축복은?

(1) 하나님의 사랑을 받음(요14:23).

"사람이 나를 사랑하면 내 말을 지키리니 내 아버지께서 저를 사랑하실 것이요." 아버지께서 저를 사랑할 것입니다.

(2) 자손까지 복을 받음(신5:29).

"나의 모든 명령을 지켜서 그들과 그 자손이 영원히 복 받기를 원하노라." 아브라함이 순종함으로 그의 자손들까지 복을 받았습니다.

(3) 형통하게 됨(수1:8).

"네게 명한 율법을 다 지켜 행하고 좌로나 우로나 치우치지 말라. 그리하면 어디로 가든지 형통하리니."

(4) 지혜로운 사람이 됨(마7:24).

"누구든지 나의 이 말을 듣고, 행하는 자는 그 집을 반석 위에 지은 지혜로운 사람 같으리니."

(5) 번영을 누리게 됨(왕상3:14).

"명령을 지키면 또 네 날을 길게 하리라."

고난을 당하기 전에는

(시119:67-71)

1. 고난의 의미

(1) 고난은 광야에서의 훈련

구원이란 것은 값없이, 공로 없이 받는 것이지만, 그러나 구원받은 천국 시민이 이 땅에서 사명을 감당하기 위해서는 고난이라는 많은 훈련이 있게 마련입니다. 그러므로 고난이란 한마디로 말해서 광야에서의 훈련입니다.

그런데 많은 사람들은 고난에 대한 잘못된 통념을 가지고 있습니다. 예를 들면 고난이란 하나님의 징벌이다, 고난은 비생산적이다, 고난이란 나쁜 것이다, 혹은 고난이란 영적으로 실패했음을 나타낸다는 등의 통념입니다. 이런 통념은 버려야 합니다.

(2) 고난은 하나님이 주는 기회

고난은 하나님의 기회이지 결코 문제가 아닙니다. 문제는 우리가 고난을 당할 때에

첫째로 하나님은 나의 고난을 알고 계신다.

둘째로 하나님은 나를 돌아보고 계신다.

셋째로 하나님은 나의 문제를 해결하실 것이다.

넷째로 하나님은 나에 대해서 목적을 가지고 계신다.

이렇게 네 가지로 행하시는 것을 믿어야 합니다. 사실 고난이란 폭풍우는 우리들을 항구로 보내어 쉬게도 하고, 배의 약한 부분을 다시 수리하게 만들어줍니다. 죄의 뿌리를 제거하게도 하시고, 인내란 성품을 만들어주시기도 합니다. 또 때로는 각성케도 하시고, 자신의 결점을 발견케도 하십니다. 어디 그것뿐입니까? 우리를 사려 깊은 사람으로 만들어주십니다. 영혼을 각성케 해서 신앙심을 깊게도 만들어줍니다.

(3) 고난을 주시는 하나님의 목적

우리의 고난에 하나님은 어떤 목적을 가지고 계신지 아십니까?

첫째로 우리를 그리스도에게로 인도하시는 목적을 가지고 있습니다.

둘째로 하나님의 족하심을 입증하시려는 목적을 가지고 있습니다. 그래서 하나님만을 바라보게 하십니다.

셋째로 우리의 유익과 하나님의 영광을 위해서 고난을 주십니다.

넷째는 우리를 하나님의 말씀과 기도로 인도하시기 위해서입니다. 고난이 없으면 우리는 기도하기를 쉬는 죄를 범합니다. 그러나 고난이 있기에 우리는 하나님께로 올라가는 사닥다리인 기도를 하게 되고, 그 눈물 속에서 그 자비의 무지개를 보게 되는 것입니다.

다섯째는 연단을 위해서 고난을 주실 때도 있습니다. 그래서 바울은 "환난 중에도 즐거워하나니 이는 환난은 인내를 인내는 연단을 연단은 소망을 이루는 줄 앎이로다"(롬5:3-4)라고 고백을 했던 것입니다.

여섯째는 다른 사람들을 섬기는 훈련을 위해서 고난이 필요합니다. 인간은 다 삶의 목적이 있습니다. 그러므로 우리는 다 쓰임 받는 존재가 되어야 합니다. 그러려면 하나님의 훈련소인 고난을 당해 봐야 알고, 자격증을 소유하게 됩니다.

2. 고난을 어떻게 극복할 수 있나?

하나님은 선하시며 전능하십니다. 이 사실을 우리는 먼저 믿어야 합니다. 이것이 흔들리면 다른 모든 것이 흔들립니다. 그러므로 모든 고난은 하나님의 허락 없이는 절대로 오지 않습니다. 하나님에게는 고난에 대한 해결책이 반드시 있습니다. 다만 우리가 모르고 있을 뿐입니다. 요 16:33절에서 주님을 말씀하셨습니다. "세상에서는 너희가 환난을 당하나 담대하라. 내가 세상을 이기었노라." 믿습니까? 주님이 승리하셨으므로 우리도 승리한다는 사실을 믿으시기 바랍니다.

하나님은 고난을 극복하시기 위해서 세 가지 차원에서 역사하십니다.

(1) 과거의 차원에서 역사

하나님은 과거의 차원에서 역사하십니다. 그것은 바로 주님의 십자가와 부활 사건입니다. 주님께서 십자가에 달리셔서 "다 이루었다"고 선언하심으로 죄는 정복되었습니다. 사탄과 죽음도 이기셨습니다. 이제 남은 것은 주님의 승리가 바로 우리의 승리로 연결되는 믿음을 갖는 것만 남아 있습니다. 그러므로 믿음을 굳게 가지시기 바랍니다. 그러면 우리도 승리할 수 있습니다.

(2) 미래의 차원에서 역사

다음은 미래의 차원입니다. 주님은 약속하신대로 구름타고 다시 재림하실 것입니다. 그때에 믿지 않는 사람들은 다 영원한 심판을 받게 될 것이고, 우리 성도들은 계시록 21장에 예언된 대로 주님과 함께 왕 노릇을 할 것입니다. 이때에 주님은 모든 눈물을 씻겨줄 것이고, 사망, 애통, 아픔이 없는 영원한 나라에서 살게 될 것입니다. 그러므로 소망을 가지시기 바랍니다.

(3) 현재의 차원에서 역사

셋째로 현재의 차원입니다. 주님은 지금도 계속해서 항상 승리하고 계시기 때문에 우리 성도들도 승리할 것을 믿으시기 바랍니다. 왜냐하면 주님은 우리와 함께 계시고, 우리의 승리를 위해서 은혜를 주시기 때문입니다. 고난을 극복할 수 있는 힘을 주시는 것입니다. 피할 길도 주십니다. 물론 고난은 우리가 세상에 사는 동안에 계속해서 우리들에게 다가올 것입니다. 그러나 하나님의 은혜는 고난이란 보자기에 싸여서 주어집니다. 그러므로 고난 없는 은혜는 없습니다. 고난 없는 영광도 없습니다.

로마서 8:28절의 말씀은 고난을 당하는 우리들에게 큰 힘을 줍니다. "우리가 알거니와 하나님을 사랑하는 자 곧 그 이름을 믿는 자들에게는 모든 것이 합력하여 선을 이루시느니라." 그러므로 우리가 당하는 고난을 두려워 마시기 바랍니다. 환난 속에서도 기뻐하시기 바랍니다. 왜냐하면 고난은 쟁기요 폭풍이요 망치요 확성기요 교사요 바람이기 때문입니다. 그러므로 주님과 함께 승리하시기를 바랍니다.

고난의 길

(행25:13-22)

1. 고난의 이유는 무엇인가?

본문에 보면 바울은 부활의 복음을 전하였다는 이유로 고난을 당하게 되었습니다. 왜 인간은 고난을 당하는 것일까요? 이것을 성경적으로 살펴보겠습니다.

(1) 인간의 범죄로 인해서

근본적으로는 '인간의 범죄로 인해서' 고난이 오게 되었습니다. 즉 고난이란 인과응보의 결과입니다. 그러므로 고난을 당할 때에 먼저 생각할 것은 혹여나 이것이 나의 죄 때문이 아닌가 하고 생각해야 합니다.

(2) 연단의 기회를 주기 위해서

하나님은 '연단의 기회를 주기 위해서' 고난을 주시기도 합니다. 운동 선수들을 훈련시키기 위해서 코치는 선수들에게 많은 훈련이란 고난을 통해 연단케 하여 좋은 선수로 기르는 이치와도 같이 하나님도 그리 하십니다.

(3) 자고하지 않게 하시려고

'자고하지 않게 하시려고' 고난을 주시기도 합니다.

하나님께서는 우리들에게 은혜를 주시기를 기뻐하시지만 먼저 그릇 준비를 하라고 고난을 주십니다.

(4) 하나님의 영광을 위해서

'하나님의 영광을 위해서' 고난을 주시기도 합니다.

요한복음 11장에 보면 나사로가 병들었을 때에 예수님께서는 "이 병은 죽을병이 아니라 하나님의 영광을 위함이요, 하나님의 아들로 이로 인하여 영광을 얻게 하려 함이라"(요11:4)라고 했습니다.

2. 고난의 유익은?

(1) 고난은 '기회'가 됨

시 119:67절에 "고난당하기 전에는 내가 그릇 행하였더니 이제는 주의 말씀을 지키나이다"고 했습니다. 고난이 '깨달음의 기회'가 되고, '성숙'의 기회가 되었다는 뜻입니다. 또 71절에는 "고난당한 것이 내게 유익이라. 이로 인하여 내가 주의 율례를 배우게 되었나이다"라고 했습니다. 고난이 '배움의 기회'가 되었다는 말입니다.

(2) 성장과 성숙을 가짐

고난이 '성장과 성숙'을 가지고 옵니다. 히 5:8절에 보면 "고난으로 순종함을 배운다"고 했습니다.

(3) 깊은 영적 세계를 발견함

고난은 보이지 않는 "깊은 영적인 세계를 발견'하게 합니다.

모세는 광야에서의 고난의 생활을 통해서 하나님의 음성을 듣게 되고 이스라엘의 위대한 지도자가 되었습니다. 이처럼 역사를 보면 고난은 영적 세계에 깊이 들어가는 계기가 된 경우를 많이 볼 수 있습니다.

3. 고난을 해결하는 비결

(1) '믿음으로' 극복할 수 있습니다.

(2) '기도를 통해서' 이겨낼 수 있습니다.

시 81:7절에 "네가 고난 중에 부르짖으매 내가 너를 건졌고"라고 했습니다. 기도하면 고난을 이길 수 있는 힘을 주십니다.

(3) 소망을 통해

'소망을 통해서' 극복할 수 있습니다. 여인이 아기에 대한 소망으로 해산의 고통을 이기는 것과 같습니다. 결국에는 합력하여 선을 이루시는 하나님의 선하신 섭리에 대한 소망을 가져야 합니다.

고난의 의미 2

(벧전5:10-11)

이 세상에 누구도 고난을 즐거워하고, 좋아하는 사람은 없습니다. 그러나 고난 없이 성공하는 사람도 없습니다. 고난에는 유익이 되는 고난도 있고, 해가 되는 고난도 있습니다. 중요한 것은 고난을 당할 때에 어떤 자세를 취할 것인가가 중요합니다. 두 가지로 함께 살펴보면서 은혜를 나누려고 합니다.

1. 고난을 주시는 분은?

물론 고난이 사탄을 통해서 올 때도 없지 않습니다. 욥의 경우가 그랬습니다. 그러나 오늘 말씀드리려고 하는 것은 또한 고난이 우리의 유익을 위해서 하나님께로부터 올 때가 있다는 점입니다. 우리의 사랑하는 아버지인 하나님으로부터 고난을 받는다면 그것은 결단코 우리들을 쓰러뜨리려고 주시는 것이 아닙니다. 해를 주려고 고난을 주신 것도 아닙니다. 오직 우리들의 '유익'을 주시기 위해서 주시는 것입니다.

본문에 고난을 주시는 분에 대해서 두 가지를 말씀하고 있습니다.

(1) 은혜의 하나님께서 고난을 주심

은혜는 모두가 다 하나님으로부터 옵니다. 그래서 은혜의 하나님께로부터 온다고 했습니다. 따라서 때로는 고난도 하나님의 은혜의 한 부분일 수가 있습니다. 지금 우리가 당하고 있는 고난은 어떤 성격의 것입니까? 만약 하나님께로부터 온다고 하면 우리는 불평, 원망하지 말고, 참고 견디면서 고난 후에 올 영광을 바라보아야 합니다.

어떻게 고난이 은혜의 일부일 수가 있을까요? 고난은 '깨달음'을 주기 때문에 은혜가 됩니다. 고난은 잘못된 길로 가는 것을 '알게' 해줍니다. 고난은 나 자신을 '발견'하게 합니다. 고난은 무엇보다도 우리들을 '겸손' 하게 만들어줍니다. 고난은 우리들로 하여금 하나님을 '의지'하게 만들어줍니다.

(2) 고난은 영원한 영광에 들어가게 하시는 이가 주심

고난이 은혜의 일부일 수도 있지만 또 한편으로 영원한 영광을 위한 '하나님의 도구'일 수도 있습니다. 그래서 영어 격언에 'No Cross, Co Crown'이란 말이 있는데 이것은 진리입니다.

'고난은 쓰지만 그 열매는 달다'는 말은 바로 고난이 없이 영광이 없기 때문에 오는 것입니다. 요셉은 고난을 통해서 애굽의 총리대신이 되는 영광을 얻게 되었습니다. 야곱은 고난을 통해서 사기꾼에서 성자로 변했습니다. 고난은 사람들을 변하게 만듭니다. 나쁘게 변하는 경우도 없지 않습니다. 그러나 더 중요한 것은 좋은 면으로 변하는 경우가 더 많다는 사실입니다. 사실 따지고 보면 지금 우리가 당하는 고난은 장차 우리가 받을 영광과 족히 비교할 수 없습니다. 중요한 것은 고난은 장차 받을 영광의 '보증수표'라는 점입니다.

2. 고난의 의미는 무엇인가?

크게 네 가지의 의미가 있다고 했습니다.

(1) "너희를 온전케 하시며"

인간은 아무도 온전하지 못합니다. 그래서 마치 강철을 만들 듯이, 또 순금을 만들 듯이 하나님께서는 고난을 통하여 우리를 연단케 하십

니다. 온전케 하여주십니다. 인격을 온전케 하고, 믿음을 온전케 해주십니다. 믿습니까?

(2) "굳게 하시며"

비가 온 뒤에 땅이 굳어진다는 말대로 고난을 통해서 약한 사람들이 바람이 불어도 넘어지지 않도록 굳게 하여 주십니다. 우리가 세상에서 승리하려면 굳게 다져져야 합니다.

(3) "강하게 하시며"

여자들은 약하지만 자식을 낳으면 강해집니다. 사랑의 힘 때문입니다. 인간은 연단을 통해서 강해집니다. 근육도 훈련을 하면 아주 강해집니다. 그러므로 우리들은 고난이 올 때에 자신의 강함의 정도를 발견하게 됩니다. 참으로 약합니다. 그래서 하나님께서는 고난을 통해서 우리들을 강하게 만들어 가십니다.

(4) "터를 견고케 하시리라"

우리의 터는 그리스도여야만 합니다. 그러나 많은 경우 인간의 지식이나 돈이나 권력에 터를 닦는 경우가 있습니다. 금방 비가 오고 바람이 불면 무너집니다. 그러므로 하나님께서는 고난을 통하여 우리들의 터를 견고케 하십니다.

여기서 중요한 것은 우리의 고난은 긴 것이 결코 아니고, "잠깐 고난을 받"는다고 했습니다. 그러므로 이 고난을 통하여 이룩하려고 하는 하나님의 뜻을 이룰 수 있기를 축원합니다. 고난의 의미를 깨닫고, 고난을 피하려고만 하지 말고, 연단되어져서 세상의 그 무엇도 이길 수 있는 우리들이 다 되시기를 축원합니다. 우리들이 추수감사절을 이제 보내면서 고난을 받는 것까지 감사할 수 있기를 바랍니다. 고난을 감사하는 사람은 범사에 감사할 수 있기 때문입니다.

공회 앞에 서신 그리스도

(마26:57-58)

예수님은 대제사장인 가야바의 집으로 끌려갔습니다. 유대의 최고 법정기관인 산헤드린공회가 소집되어 있었던 것입니다. 여기서 유대의 지도자들은 거짓 증인을 내세워 예수님께 사형을 선고하려고 모였던 것입니다.

1. 예수님의 재판과정

안나스(가야바의 장인, 실세)의 예비신문(요18:12-14)

산헤드린 공회에서의 비공식재판

산헤드린 공회에서의 공식재판(27:1-2)

빌라도의 1차 심문(27:14: 요18:28-38)

헤롯의 심문(눅23:8-12)

빌라도의 2차 심문 및 최종판결(27:15-26).

예수님의 재판은 당시 지도자들이 처형하는 데만 관심을 가지고 있었기 때문에 요식절차에 불과하였습니다.

먼저 비공식 회의를 소집한 것부터가 이것을 잘 보여줍니다. 재판은 거짓증인의 증언 – 예수님의 묵비권 – 신성모독죄의 적용으로 간단하게 끝이 났습니다.

2. 재판과정의 위법사항

(1) 재판의 시간

야간 재판은 금지되어 있었습니다. 특히 중요한 재판은 더욱 그랬습니다.

(2) 재판의 장소

산헤드린 공회에서 해야 하는데 가야바의 개인집에서 했습니다.

(3) 변호인

예수님에게는 변호인이 없었습니다.

(4) 사실여부 미확인

허위증거 채택, 사실여부를 확인하지 않았습니다.

(5) 법적 증거 전무

신성모독에 대한 법적 증거가 없었음에도 사형을 구형했습니다. 당시 사형은 오직 로마의 정권만이 내릴 수 있었습니다.

(6) 졸속 재판

미쉬나에 보면 중요한 재판은 적어도 이틀 동안의 재판을 해야만 했습니다. 그런데 하룻밤에 진행하였고, 끝났습니다.

3. 왜 예수님은 재판과정에서 침묵하셨나?

(1) 왕적 침묵

위선적인 종교 지도자들 앞에서는 만왕의 왕이신 예수님께서 아무 대답도 할 필요를 느끼지 않으셨습니다.

(2) 제사장적 침묵

인류의 죄를 지고 가는 어린양으로서 잠잠할 수밖에 없었던 것입니다.

(3) 선지자적 침묵

눈이 있어도 보지 못하고 귀가 있어도 듣지 못하는 이들에게 더 이상의 진리를 말할 필요가 없었기 때문이었습니다.

예수님은 거짓 증거에 대하여 침묵하였으나, 그러나 자신이 하나님의 아들 되심에 대하여는 침묵하지 않으셨습니다(63-64). 대제사장은 살아 계신 하나님께 맹세하고 말하노니 "네가 하나님의 아들, 그리스도인지 우리에게 말하라"고 했을 때 주님은 "네가 말하였느니라"고 대답하셨습니다. 예수님이 세상에 오신 목적과 사명에 대하여는 말씀하신 것입니다. 중요한 것은 이때 주님께서 재림할 것을 말씀하신 점입니다.(64절)

4. 거짓 증인들

(1) 수많은 거짓증인들

얼마 전까지만 해도 예수님이 예루살렘에 입성하실 때 호산나 다윗의 자손, 찬송하리로다 라고 했던 무리들이 며칠 동안에 이렇게 변한 것입니다.

(2) 무지로 인한 거짓 증인들

이들은 직접 보고 들은 것이 아니라 들은 얘기만으로 판단하였습니다.

(3) 왜곡으로 인한 거짓증인들

대제사장과 서기관들은 돈으로 거짓증인들을 매수하고, 군중심리로 사람들을 자극하였던 것입니다.

관용하는 자녀가 되자

(마10:8)

주님은 12제자들을 파송하시면서 권능과 함께 대하는 사람들마다 관용을 베풀라고 하셨고, 거저 받았으니 거저 주라고 하셨습니다.

관용이 무엇입니까? '너그럽게 대하고 용서하는'것입니다. 큰 그릇이 되려면 관용해야 합니다. 우리는 주고자 하는 마음과 남의 실수에 대해서 관용을 베푸는 사람이 되어야 하겠습니다.

1. 성경에는 관용에 대해서 많은 가르침이 있습니다.

빌 4:5절에 "너희 관용을 모든 사람에게 '알게' 하라 주께서 가까우시니라"고 했습니다. 관용을 알게 하라는 것입니다. 자신의 관용이 밖으로 노출되고 알려지게 하라는 것입니다. 왜냐하면 우리는 주님의 작은 지체들이기 때문입니다. 그런데 왜 여기에 갑자기 주께서 가까우시니라는 말씀이 나옵니까? 그것은 관용을 베푸는 삶을 살아야 할 이유를 밝혀주기 위해서입니다.

주님의 재림과 관련해서 말씀을 했다면 여기서 말하는 관용은 보다 중요한 의미를 가지는 말씀임에 틀림이 없습니다. 이 관용은 어디서 오는 것일까요? 관용은 바로 재림신앙에서 옵니다.

딤전 3:3절에 장로의 자격을 말하는 가운데 '오직 관용하며'라고 했습니다. 다시 말하면 지도자의 덕성 가운데 관용이 있어야 한다는 뜻입니다. 속이 짝 달라붙어 있으면 안 된다는 뜻입니다. 지도자는 항상 관용을 베풀 줄을 알아야 한다는 사실입니다.

2. 관용을 베푸는 자의 말의 사용을 살펴보겠습니다.

12절에 보면 '평안하기를 빌라'고 했습니다. 당시 복음을 전하면 수많은 원수들이 나타나고, 적대 세력들이 나타났습니다. 그럼에도 불구하고 우리는 상대방을 비판하거나 다투지 말고, 평안을 빌라는 것입니다. 저는 오래 전에 병원에 입원해 있는 중을 만난 적이 있습니다. 심방 차 왔다가 만난 것입니다. 기왕에 왔으니 옆에 있는 교인을 위해서 예배를 드려도 좋으냐고 물었더니 좋다고 해서 기도할 때 또 한 번 물었습니다. 기왕에 기도하는 김에 당신을 위해서 기도해도 좋으냐고 했더니 좋다고 하면서 고맙다는 말을 했습니다. 아무리 종교가 달라도 평안을 비는 사람을 싫어할 수는 없는 것입니다. 주님은 우리가 평안을 비는 이유는 상대방이 합당치 않으면 그 평안이 내게 돌아오기 때문이라고 했습니다.

3. 주님은 관용을 베푸는 자의 자세에 대해서 말씀하고 있습니다.

거저 받았으니 거저 주라는 것입니다. 기대하지 말고 거저 주라는 것입니다. 왜냐하면 기대하는 마음에는 관용이 나올 수 없기 때문입니다.

우리가 어떻게 관용해야 할까요?

주님처럼 하면 됩니다. 스데반 집사처럼 하면 됩니다. 자기를 죽이는 자들에게 향해서 아버지여 저희를 용서하여 주옵소서. 자기의 하는 일을 알지 못함입니다. 이것이 바로 관용의 모범입니다.

교회 안에 들어오는 죄

(행5:1-11)

아나니아와 삽비라의 사건은 당시 교회 안에 있었던 신뢰와 사랑을 손상시켜주는 사건입니다. 성령을 훼방하는 사건이었습니다. 하나님을 만홀히 여기는 사건이었습니다.

이 사건은 오늘의 관점으로 보면 너무 가혹한 사건입니다. 왜냐하면 아나니아와 삽비라보다 더 악한 일들이 교회 안에도 밖에도 얼마든지 있기 때문입니다.

그러나 이것은 새싹처럼 시작되는 초대교회에서 일벌백계의 의미를 가진다는 것을 알아야 합니다. 처음 잘못된 길로 가면 영원히 잘못된 길로 가기 때문입니다.

1. 감추어두는 것은 죄

초대교회 성도들은 청지기 정신이 투철하여 자신을 부인하고 제 몫에 태인 십자가를 지고 주님을 좇았습니다. 그러나 아나니아와 삽비라는 부분적인 헌신만 하였던 것입니다. 그래서 거짓 고백을 하였고, 거짓말을 한 것입니다. 위선적인 봉사를 한 것입니다.

(1) 감추는 것(2절)의 의미

부분적 헌신이며, 속이는 것이며, 성령 대신 사탄을 마음에 보시는 것이며, 성령께 거짓말을 하는 것이며 그리고 하나님을 속이고 대적하는 것입니다.

(2) 큰 심판을 하시는 목적

11절에 "온 교회와 이 일을 듣는 사람들이 다 크게 두려워하니라."

2. 본문이 주는 교훈

(1) 욕심과 거짓에 대한 경고

성경은 탐욕이 바로 우상숭배라고 하였고, 또 놀라운 것은 거짓을 우상과 동일시하고 있습니다. 계 21:8절에 "우상숭배자들과 모든 거짓말을 하는 자들은 불과 유황으로 다는 못에 침예하리니 이것이 '둘째 사망'이라고 했습니다.

교회가 흥왕하는 비결

(행19:8-20)

본문에 '흥왕한다'는 말은 '점점 힘을 떨친다'는 뜻입니다.

1. 우리 교회가 왜 흥왕해야 하나?

(1) 무엇보다도 '사람답게 살기 위해서'

하나님께서는 우리들을 창조하실 때에 위로는 하나님과 교제하고, 아래로는 이웃들과 서로 사랑하도록 하기 위해서입니다. 그러나 아담의 범죄함으로 인하여 모든 것이 삐거덕거리기 시작하였습니다. 따라서 우리는 영성을 회복해서 하나님과의 관계가 더 깊어지고 날마다 흥왕해야 합니다. 교회가 흥왕해야 개인의 신앙이 살고, 가정이 살고, 민족이 살기 때문입니다.

교회가 흥왕하면 어떤 축복을 주시는지 알아보겠습니다.

(2) 믿음이 깊어짐

성도들의 믿음은 삼 단계로 자랍니다.

처음에는 유아적이고 단순한 신앙입니다. 그러나 단순한 유아적인 신앙으로는 혼자 설 수가 없고 큰일을 못합니다.

두 번째 단계는 성장하는 신앙입니다.

이것을 소년적 신앙이라고 합니다. 기본적인 것은 할 수 있으나 아직 지혜와 총명이 없어서 남을 지도하거나 인도할 수는 없습니다. 다시 말하면 지도자가 되기에는 아직 부족한 것입니다.

세 번째 단계는 성숙한 신앙입니다.

이 단계가 되면 자기의 혈기를 죽이고, 자신을 버릴 수 있는 단계, 남을 높이고 자신을 낮추는 겸손의 단계, 남을 섬기는 단계, 하나님과 합일의 단계. 다시 말하면 주님을 닮은 신앙의 단계를 말합니다. 이런 사람들이 되어 갑니다.

(3) 교회가 흥왕하면 이 땅에서의 '하나님 나라'가 이루어짐

하나님의 나라는 하나님의 통치가 이루어지는 것입니다. 이 하나님의 통치가 이루어지면 하나님께서 큰 영광을 받으십니다. 우리를 이 땅에 만드신 하나님의 뜻이 이루어지고 그로 인해 우리의 행복도 오는 것입니다.

(4) 교회가 흥왕하면 우리에게 '풍성한 삶'이 이루어짐

예수님이 이 땅에 오신 목적은 "내가 세상에 온 것은 양으로 생명을 얻게 하고, 더 풍성히 얻게 하려함이라"(요10:10) 하신 대로 하나님의 우리에 대한 목적은 풍성한 삶을 주기 위해서입니다.

2. 교회의 흥왕 비결

(1) 하나님의 나라가 임할 때

하나님의 나라는 하나님의 통치를 의미합니다. 그런데 통치란 영이 육을 지배하는 단계를 말합니다.

(2) 주의 말씀을 들을 때(10절).

말씀의 역사가 바로 하나님 나라의 역사요 교회가 흥왕한 역사입니다. 교회 흥왕의 역사는 바로 말씀이 흥왕한 역사입니다. 20절에 보면 주의 말씀이 힘이 있어 흥왕하여 세력을 얻을 때에 교회는 흥왕 한다고 했습니다.

(3) 기적이 일어 날 때(11절)

신앙생활이란 기적의 체험이 없으면 영적인 깊이에 들어갈 수가 없습니다. 태만해지고, 형식주의에 빠집니다. 그러나 기적은 믿음의 아들이기에 믿음이 없는 사람들에게는 일어나지도 않습니다.

지금도 기적은 계속해서 일어납니다. 신유의 은사가 나타나고, 악귀가 나가는 역사가 일어납니다. 그때에 교회는 흥왕합니다(12절)

(4) 하나님을 두려워하고 주 예수의 이름을 높일 때(17절).

하나님을 두려워한다는 말은 하나님을 경외한다는 말입니다. 하나님을 두려워하는 사람들의 특징은 주 예수의 이름을 높이는 일입니다.

어떻게 주님의 이름을 높입니까?

첫째는 찬양이고,

둘째는 전도와 선교이고,

셋째는 주님의 사랑을 전달하는 것입니다. 바로 그런 역사가 나타나기를 바랍니다.

고난을 당하기 전에는

(시119:67-71)

1. 고난의 의미

(1) 고난의 훈련

구원이란 것은 값없이, 공로 없이 받는 것이지만 그러나 구원받은 천국시민이 이 땅에서 사명을 감당하기 위해서는 고난이라는 많은 훈련이 있게 마련입니다. 그러므로 고난이란 한마디로 말해서 광야에서의 훈련입니다.

그런데 많은 사람들은 고난에 대한 잘못된 통념을 가지고 있습니다. 예를 들면 고난이란 하나님의 징벌이다, 고난은 비생산적이다, 고난이란 나쁜 것이다, 혹은 고난은 영적으로 실패했음을 나타낸다는 등의 통념입니다. 이런 통념은 버려야 합니다.

(2) 기회는 고난을 통해 옴

고난은 하나님의 기회이지 결코 문제가 아닙니다. 문제는 우리가 고난을 당할 때에 첫째로 하나님은 나의 고난을 알고 계십니다. 둘째로 하나님은 나를 돌아보고 계십니다. 셋째로 하나님은 나의 문제를 해결할 길을 예비하십니다. 넷째로 하나님은 나에 대해서 목적을 가지고 계신다는 것을 믿어야 합니다. 사실 고난이란 폭풍우는 우리들을 항구로 보내어 쉬게도 하고, 배의 고장 난 부분을 알게 하여 수리할 기회를 만들어줍니다. 죄의 뿌리를 제거하게도 하시고, 인내란 성품을 만들어주시기도 합니다. 또 때로는 각성케도 하시고, 자신의 결점을 발견케도 하십니다. 어디 그것뿐입니까? 우리를 사려 깊은 사람으로 만들어주십니다. 영혼을 각성케 해서 신앙심을 깊게도 만들어줍니다.

(3) 고난을 주시는 목적

우리의 고난에 하나님은 어떤 목적을 가지고 계실까요?

첫째로 우리를 그리스도에게로 인도하시는 목적을 가지고 있습니다.

둘째로 하나님의 족하심을 입증하시려는 목적을 가지고 있습니다. 그래서 하나님만을 바라보게 하십니다.

셋째로 우리의 유익과 하나님의 영광을 위해서 고난을 주십니다.

넷째는 우리를 하나님의 말씀과 기도로 인도하시기 위해서입니다. 고난이 없으면 우리는 기도하기를 쉬는 죄를 범합니다. 그러나 고난이 있기에 우리는 하나님께로 올라가는 사닥다리인 기도를 하게 되고, 그 눈물 속에서 그 자비의 무지개를 보게 되는 것입니다.

다섯째는 연단을 위해서 고난을 주실 때도 있습니다. 그래서 바울은 "환난 중에도 즐거워하나니 이는 환난은 인내를 인내는 연단을 연단은 소망을 이루는 줄 앎이로다"(롬5:3-4)라고 고백을 했던 것입니다.

여섯째는 다른 사람들을 섬기는 훈련을 위해서 고난이 필요합니다. 인간은 다 삶의 목적이 있습니다.

그러므로 우리는 다 쓰임 받는 존재가 되어야 합니다.

그러려면 하나님의 훈련소인 고난을 당해봐야 알고, 자격증을 가지게 됩니다.

2. 고난 극복의 해결책

하나님은 선하시며 전능하십니다. 이 사실을 우리는 먼저 믿어야 합니다. 이것이 흔들리면 다른 모든 것이 흔들립니다. 그러므로 모든 고난은 하나님의 허락 없이는 절대로 오지 않습니다. 하나님에게는 고난에 대한 해결책이 반드시 있습니다. 다만 우리가 모르고 있을 뿐입니다. 요 16:33절에서 주님은 말씀하셨습니다. "세상에서는 너희가 환난을 당하나 담대하라. 내가 세상을 이기었노라." 믿습니까? 주님이 승리하셨으므로 우리도 승리한다는 사실을 믿으시기 바랍니다.

하나님은 고난을 극복하시기 위해서 세 가지 차원에서 역사하십니다.

(1) 십자가와 부활 사건

첫째로 과거의 차원에서 하나님은 역사하십니다. 그것은 바로 주님의 십자가와 부활 사건입니다. 주님께서 십자가에 달리셔서 "다 이루었다"고 선언하심으로 죄는 정복되었습니다. 사탄과 죽음도 이기셨습니다. 이제 남은 것은 주님의 승리가 바로 우리의 승리로 연결되는 믿음을 가지는 것만 남아 있습니다. 그러므로 믿음을 가지시기 바랍니다. 그러면 우리도 승리할 수 있습니다.

(2) 주님의 재림 약속

둘째로 미래의 차원입니다. 주님은 약속하신 대로 구름타고 다시 재림하실 것입니다. 그때에 믿지 않는 사람들은 다 영원한 심판을 받게 될 것이고, 우리 성도들은 계시록 21장에 예언되어진 대로 주님과 함께 왕 노릇할 것입니다. 이때에 주님은 모든 눈물을 씻겨줄 것이고, 사망, 애통, 아픔이 없는 영원한 나라에서 살게 될 것입니다. 그러므로 소망을 가지시기 바랍니다.

(3) 지금도 역사하심

셋째로 현재의 차원입니다. 주님은 지금도 계속해서 항상 승리하고 계시기 때문에 우리 성도들도 승리할 것을 믿으시기 바랍니다. 왜냐하면 주님은 우리와 함께 계시고, 우리의 승리를 위해서 은혜를 주시기 때문입니다. 고난을 극복할 수 있는 힘을 주시는 것입니다. 피할 길도 주십니다. 물론 고난은 우리가 세상에 사는 동안에 계속해서 우리들에게 다가올 것입니다. 그러나 하나님의 은혜는 고난이란 보자기에 싸여서 주어집니다. 그러므로 고난 없는 은혜는 없습니다. 고난 없는 영광도 없습니다.

로마서 8:28절의 말씀은 고난을 당하는 우리들에게 큰 힘을 줍니다. "우리가 알거니와 하나님을 사랑하는 자 곧 그 이름을 믿는 자들에게는 모든 것이 합력하여 선을 이루시느니라". 그러므로 우리가 당하는 고난을 두려워 마시기를 바랍니다. 환난 속에서도 기뻐하시기를 바랍니다. 왜냐하면 고난은 쟁기요 폭풍이요 망치요 확성기요 교사요 바람이기 때문입니다. 그러므로 주님과 함께 승리하시기를 바랍니다.

공회 앞에 서신 그리스도

(마26:57-58)

예수님은 대제사장인 가야바의 집으로 끌려갔습니다. 유대의 최고 법 정기관인 산헤드린공회가 소집되어 있었던 것입니다. 여기서 유대의 지 도자들은 거짓 증인을 내세워 예수님께 사형을 선고하려고 모였던 것입 니다.

1. 예수님의 재판과정

안나스(가야바의 장인, 실세)의 예비신문(요18:12-14)

산헤드린 공회에서의 비공식재판

산헤드린 공회에서의 공식재판(27:1-2)

빌라도의 1차 심문(27:14; 요18:28-38)

헤롯의 심문(눅23:8-12)

빌라도의 2차 심문 및 최종판결(27:15-26).

예수님의 재판은 당시 지도자들이 처형하는 데만 관심을 가지고 있었 기 때문에 요식절차에 불과하였습니다. 먼저 비공식 회의를 소집한 것 부터가 이것을 잘 보여줍니다.

재판은 거짓증인의 증언 – 예수님의 묵비권 – 신성모독죄의 적용으로 간단하게 끝났습니다.

2. 재판과정의 위법사항

(1) 재판의 시간

야간 재판은 금지되어 있었습니다. 특히 중요한 재판은 더욱 그랬습니다.

(2) 재판 장소

산헤드린 공회에서 해야 하는데 가야바의 개인집에서 했습니다.

(3) 예수님에게는 변호인이 없었음

(4) 허위증거 채택

사실여부를 확인하지 않았습니다.

(5) 신성모독에 대한 직접 증거가 없었음에도 사형 구형

당시 사형은 오직 로마의 정권만이 내릴 수 있었습니다.

(6) 미쉬나에 보면 중요한 재판은 적어도 이틀 동안의 재판을 해야만 했습니다. 그런데 하룻밤에 진행하고 끝났습니다.

3. 예수님은 왜 재판과정에서 침묵하셨나?

(1) 왕적 침묵

위선적인 종교 지도자들 앞에서는 만왕의 왕이신 예수님께서 아무 대답도 할 필요를 느끼지 않으셨습니다.

(2) 제사장적 침묵

인류의 죄를 지고 가는 어린양으로서 잠잠할 수밖에 없었던 것입니다.

(3) 선지자적 침묵

눈이 있어도 보지 못하고 귀가 있어도 듣지 못하는 이들에게 더 이상의 진리를 말할 필요가 없었기 때문이었습니다.

예수님은 거짓 증거에 대하여 침묵하였으나, 그러나 자신이 하나님의 아들 되심에 대하여는 침묵하지 않으셨습니다(63-64). 대제사장은 살아 계신 하나님께 맹세하고 말하노니 "네가 하나님의 아들, 그리스도인지 우리에게 말하라"고 했을 때 주님은 "네가 말하였느니라"고 대답하셨습니다. 예수님이 세상에 오신 목적과 사명에 대하여 말씀하신 것입니다. 중요한 것은 여기서 주님께서 재림할 것을 말씀하신 점입니다.(64절)

4. 거짓 증인들은 어떤 사람들이었나?

(1) 수많은 거짓증인들

얼마 전까지만 해도 예수님이 예루살렘에 입성하실 때 호산나 다윗의 자손, 찬송하리로다 하였던 무리들이 며칠 동안에 이렇게 변한 것입니다.

(2) 무지로 인한 거짓 증인들

이들은 직접 보고 들은 것이 아니라 들은 얘기만으로 판단하였습니다.

(3) 왜곡으로 인한 거짓 증인들

대제사장과 서기관들은 돈으로 거짓증인들을 매수하고, 군중심리로 사람들을 자극하였던 것입니다.

구약 계시의 완성자 예수님

(히1:1-3)

1. 예수님은 구약의 모든 선지자보다 뛰어나심

왜냐하면 구약의 선지자들이 예언한 것이 바로 오실 메시야, 예수님에 관한 것이기 때문입니다. 그런데 구약의 선지자들의 예언은 다 부분적이고, 한시적이었습니다. 그런데 예수님은 2절의 말씀처럼 "이 모든 날 마지막에" 우리들에게 오신 하나님의 말씀이십니다. 예수님은 만유의 후사로서 말씀 자체가 되시고, 하나님의 계시자였습니다. 따라서 요 14:9절의 "나를 본 자는 아버지를 보았거늘 어찌하여 아버지를 보이라 하느냐?"는 말씀처럼 예수님은 바로 하나님의 얼굴이시고, 계시자이시고, 말씀 자체인 것입니다. 그러므로 예수님은 진리의 모든 것이 되시는 분이십니다. 3절에 보면 예수님은 "하나님의 영광의 광채시요 그 본체의 형상이시라"고 했습니다.

2. 예수님은 말씀이 육신이 되어 세계와 우리를 창조하심

2절 하반 절에 "또 저로 말미암아 모든 세계를 지으셨느니라"고 했습니다. 예수님은 창조자이십니다. 또 예수님은 "그의 능력의 말씀으로 만물을 붙드시며"라고 했습니다. 지금도 저와 여러분들을 붙들고 있는 것은 세상의 권력도 아니고, 직장도 아니고, 돈도 아닙니다. 그 능력의 말씀으로 만물을 붙드신다고 했습니다. 바로 말씀이 저와 여러분 우리들을 붙들어 주는 것입니다.

3. 예수님은 말씀이 육신이 되어 구원의 사역을 이루심

3절에 "죄를 정결케 하는 일을 하시고". 구원의 사역을 감당하셨다는 말씀입니다. 요한복음에 "말씀이 육신이 되어 우리 가운데 거하시며"라는 말씀대로 예수님은 2000년 전에 유대 땅 베들레헴의 말구유에서 탄생하셨고 30세가 되면서 만 3년간 복음을 전하시다가 십자가에서 우리의 죄를 대신하여 죽으심으로 구원 사역을 다 이루셨습니다.

4. 예수님은 만왕의 왕으로 재림하시고 세상을 심판하실 분임

3절에 "높은 곳에 계신 위엄의 우편에 앉으셨느니라"고 했습니다. 이 세상에는 많은 왕들이 있습니다. 그러나 만왕의 왕은 주 예수님뿐이십니다. 예수님은 재림하신 후에 세상을 심판하실 것입니다. 마 28:18절에 "하늘과 땅의 모든 권세를 내게 주셨으니." 주님은 마지막 심판의 권세를 대행할 수 있게 되었습니다. 초림하셨던 구원의 주님은 사랑이셨지만 심판의 주님은 공의에 따라, 행한 대로 말씀대로 심판하십니다.

국가와의 관계

(롬13:1-7)

1. 성도와 정부 및 국가와의 관계

인간이 세상을 살아가는 데는 국가와의 관계를 피할 수가 없습니다. 내가 선택한 것은 아니지만, 그러나 우리는 태어날 때부터 국가와의 관계가 있습니다. 이 관계를 바로 잘할 때 행복이 오고, 보람이 있고, 명예가 따라오고 영광이 찾아옵니다.

우리 성도들이 국가에 대해서 어떻게 해야 할 것인가는 수세기를 통해서 논의되어 온 문제입니다. 중요한 것은 "각 사람은 위에 있는 권세들에게 굴복하라"고 말씀하고 있습니다.

정부는 하나님이 제정하였다는 것입니다. 그 정권이 어떤 정권이냐는 중요하지 않습니다. 민주주의냐? 왕권주의냐? 심지어 독재주의냐도 중요한 것이 아닙니다. 합법적이냐 불법적이냐도 문제가 되지 않습니다.

정당하냐 부당하냐도 문제가 되지 않습니다. 하나님께서 그 시대에 필요하여 허락하신 정권이기 때문에 우리들은 원칙적으로 순종해야 한다고 했습니다. 현대를 살아가는 우리들에게 이 말씀이 잘 이해가 되지 않을 것입니다.

그러나 이 말씀은 단순히 원리적인 것임을 기억해야 합니다. 따라서 여기에 예외가 있습니다. 예를 들면 로마에서 볼 수 있듯이 사람이 하

나님의 자리에 앉아서 영광을 받으려고 하는 황제숭배나, 일제 때 볼
수 있었던 신사참배나 공산주의에서 볼 수 있는 김일성 숭배는 여기서
말씀하려고 하는 범주에 속한 것이 아닙니다. 더욱이 하나님의 명백한
계명들과 상충될 때는 굴복하라는 명령으로부터는 예외적입니다. 그런
때에 성경은 말합니다.

"사람보다 하나님을 순종하는 것이 마땅하니라"(행5:29).

이제 분명하여집니까? 따라서 오늘의 말씀은 원칙적인 말씀이고, 여
기에는 예외적인 경우가 있다는 것을 말씀해 주고 있습니다.

2. '위에 있는 권세들'이란 어떤 권세인가?

(1) 국가수반에게 굴복하라

첫째로 왕이나 대통령이나 수상을 막론하고, 모든 국가의 수반들과
그 나라를 위해서 세운 권세들에게 굴복하라는 것입니다. 왜냐하면 이
들은 하나님에 의해 정하여졌기 때문입니다.

그뿐 아니라 그들의 하는 일 때문에 우리는 굴복해야 합니다. 그들은
선을 조장하고, 악을 억제하기 위해서 제정되었기 때문입니다. 인간은
육과 영혼의 두 가지로 되어 있는데 사회의 권위에 대해서 굴복하는 것
은 우리가 육체적으로 편리하기 위해서입니다.

(2) 사회적 영역에서 상전에 굴복

둘째로 사회영역에서의 어떤 수반이든 직장에서나 관원들이나 우리
는 그들에게 굴복해야 한다는 것입니다. 왜냐하면 사회의 안녕을 유지
하기 위해서 하나님이 세우신 자들이기 때문입니다.

(3) 가정적으로는 남편이나 부모에 굴복

셋째로 넓은 의미에서의 권세는 '가정에서의 남편과 부모'를 의미합니
다. 물론 여기에는 무조건적인 복종은 아닙니다. '주안에서'라는 조건이

붙는 것입니다. 또 교회에서는 성도들을 위해서 세운 '목사나 장로들도' 영적인 권세자들입니다.

이들에게도 순종해야 합니다. 그것은 우리들의 유익을 위해서 세운 권세들이기 때문입니다. 그러나 자기와 맞지 않는 경우가 있습니다. 그러나 그때에는 교회에서 분란을 일으키기보다는 차라리 조용히 떠나는 지혜를 가져야 합니다.

3. 구체적으로 우리는 어떻게 해야 하나?

(1) 7절에 그 해답이 나옴

"모든 자에게 줄 것을 주되 공세를 받을 자에게 공세를 바치고, 국세 받을 자에게 국세를 바치고, 두려워할 자를 두려워하며 존경할 자를 존경하라."

간단히 말하면 크게 두 가지입니다. 첫째로 탈세를 하지 말고, 세금을 잘 내라는 것이고, 둘째로 사회의 모든 법규들을 잘 지키라는 것입니다. 그러나 신자들 가운데 탈세자들이 너무 많습니다. 이것은 잘못입니다.

탈세는 미국에서 가장 큰 죄목에 속하기 때문에 무덤에 들어간 뒤에도 가족들에게 따라올 정도입니다. 또 법규를 지키지 않는 경우도 있습니다. 미국에서는 이 나라를 뜨기 전에는 법규를 어겨서는 살 수가 없도록 되어 있습니다.

이것은 교회에서도 마찬가지입니다. 우리가 바쳐야 할 십일조를 온전하게 바치고, 우리의 의무를 감당할 때 개인뿐 아니라 하나님의 영광이 나타납니다. 그러나 형식적인 십일조를 바치는 분들이 의외로 많습니다. 그러나 참 신앙인은 온전한 십일조를 바쳐야 합니다.

(2) 대통령과 시장과 목사와 장로들을 위해서 기도해야

그것은 우리 자신을 위한 것입니다. 영적인 것과 세속적인 모든 것이 편해야 하는데 그러기 위해서 우리들은 기도해야 합니다. 바라기는 이 금요 저녁에 나올 때마다 항상 위해서 기도함으로 하나님의 뜻을 이룰 수 있기를 축원합니다.

오늘 저녁의 기도제목은 첫째는 국가를 위한 기도입니다. 둘째는 교회와 가정을 위한 기도입니다. 그 후에 자신을 위한 기도를 하는 것이 좋습니다.

귀중히 여김을 받으려면

(잠3:1-10)

성경 가운데 소위 지혜문학이라는 것이 있습니다. 전도서라든지 잠언이라든지 욥기와 시편일부와 같은 것이 바로 그런 책입니다.

잠언은 솔로몬이 하나님으로부터 기도하고, 지혜를 받은 후에 기록한 책입니다.

1. 하나님이 주신 지혜서 잠언

창세기 1장에 보면 하나님께서 창조를 하실 때마다 "보시기에 좋았더라"고 했는데 인간을 창조하신 후는 사람을 보니 좋았더라고 하지 않았습니다. 이유는 인간만은 미완성품, 즉 지어져 가는 존재로 만드셨기 때문입니다. 그래서 자기가 어떻게 하느냐에 따라 천사처럼 거룩하게도 되고, 동물처럼 천하게도 될 수 있는 것입니다. 그래서 인간은 지혜가 꼭 필요하고 그래서 하나님은 잠언이라는 책을 우리들에게 주신 것입니다.

2. 인간은 왜 불행할까?

인간의 불행은 잊어버리는 데서, 영적 건망증에서 옵니다. 그래서 본문 1절에 "내 아들아 나의 법을 잊어버리지 말고"라고 권면하고 있습니다.

3. 하나님의 은총과 사람의 존경을 받으려면

우리가 하나님으로부터 은총을 받고 사람들로부터 귀중히 여김을 받으려면 어떻게 해야 합니까?

(1) 지킬 것은 지킬 줄 알아야

하나님은 우리들에게 꼭 필요한 것을 주셨습니다. 그런데 사람들은 남의 떡이 더 크게 보이는 법이라, 자기의 것은 귀한 줄 모르고 남의 것만 갖고 싶어 하고 부러워합니다. 그래서 정작 자기의 것을 지키지 않다가 망힌 사람이 성경에 보면 많습니다.

(2) 떠날 것과 떠나지 않을 것

7절에 보면 "악을 떠날지어다"라고 했습니다. 여기서 떠난다는 말은 외면한다는 뜻입니다. 악의 길은 외면적으로는 화려하기에 많은 사람들이 호감을 가집니다. 그러나 문제는 그 길은 사탄의 함정입니다.

(3) 하나님을 인정하고 마음을 다하여야

중요한 것은 하나님을 인정하고 마음을 다하여 하나님을 의뢰해야 하나님에게서 은총을 받고, 사람들로부터는 귀중히 여김을 받습니다.

여기서 의뢰한다는 뜻은 전적으로 몸을 의지하여 기댄다는 뜻입니다. 하나님에게만 소망을 갖는다는 뜻입니다. 마치 수영을 하는 사람이 물에 온 몸을 맡기는 것과 같습니다.

(4) 물질의 청지기로서의 사명을 다해야

우리는 가정의 청지기요, 역사의 청지기요, 재능과 물질의 청지기입니다. 그 중에서도 물질의 청지기임을 기억해야 합니다. 본문에서는 우리의 재물과 소산물로 하나님을 공경하면 하나님은 "그리하면 네 창고가 가득차고, 네 즙 틀에 포도즙이 넘치리라"고 했습니다.

그 날이 가까움을 볼수록

(히10:19-25)

세월은 우리를 기다려 주시지 않고 빨리 흘러간다. 그러면 우리는 어떻게 해야 하는가?

1. 참 마음과 온전한 믿음을 지켜야(22절).

세상에 지킬 것이 많이 있지만 첫째는 마음을 지키고 다음에는 믿음을 지켜야 합니다. 잠 4:23절에 "무릇 지킬만한 것보다 더욱 네 마음을 지키라 생명의 근원이 이에서 남이니라." 그러나 더 중요한 것은 믿음을 지키는 것입니다. 왜냐하면 여기서 모든 것이 결정되기 때문입니다.

2. 서로 사랑하며 격려해야(24절)

말세의 특징은 사랑이 식어집니다. "불법이 성하므로 많은 사람의 사랑이 식어지리라"(마24:12).

3. 모이기를 힘써야(25절)

사도행전 17:11절에 보면 히브리서의 수신자들은 처음에는 열심히 신앙생활을 하였으나 점차 문제가 생겼습니다. 기다리던 재림은 이루어지지 않고, 로마 정부의 핍박이 점점 심하여 갔기 때문입니다. 그래서 오늘 본문 25절에서도 모이기를 힘쓰라고 했습니다.

(1) 모이는 것이 성경의 가르침

(2) 모이기를 힘쓸 때 하나님께서 역사하심

한국교회가 부흥한 것은 1900년대 모이기를 힘썼기 때문입니다.

(3) 모이기를 꺼리면 영적 패배를 초래

왜 모이기를 힘쓰지 않나요?

너무 세속화되었기 때문이고, 너무 영적으로 자만하기 때문이고, 죄에 얽매여 있기 때문이고, 그리고 게을러서 그렇습니다. 그러므로 우리는 모이는 일에 힘써야 합니다.

그들은 우리의 밥이라

(민14:4-10)

본문은 가나안에 들어가기 위해 파견된 정탐꾼의 보고에 대한 내용들입니다. 보고는 불가능하다는 것과 하나님이 도와주시면 가능하다는 것이었습니다.

1. 여호수아와 갈렙의 보고

(1) 두려워하지 않음(민14:9).

여호수아와 갈렙의 보고에서 적이 강하다고 하는 것은 다른 정탐꾼들의 보고와 같았습니다. 그리고 땅이 아름답고 젖과 꿀이 흐르는 땅이라고 보고했습니다.

두려움은 우리로 하여금 현실을 비관하게 만듭니다. 두려움은 우리의 실력을 발휘하지 못하게 만듭니다. 두려움은 싸우기도 전에 항복하게 만듭니다. 우리는 오직 하나님만 두려워해야 합니다.

(2) 환경에 관계없이 하나님의 약속을 믿음(민14:9).

다른 정탐꾼들과의 다른 점은 적들은 강하지만 "여호와께서 우리를 기뻐하시면" 이긴다는 것입니다.

불가능하다고 하는 불신앙의 소유자들은 인간의 의지와 환경이 중요하지만 신앙인은 하나님의 뜻이 무엇인가가 중요한 것입니다. 그리고 불신앙의 사람들은 항상 부정적으로 보지만 신앙을 가진 사람들은 모든 것을 긍정적으로 봅니다. 왜냐하면 모든 것은 하나님의 장중에 있고, 하나님의 섭리에 따라, 그의 주권에서 움직인다고 믿기 때문입니다.

2. 약속의 땅에 들어갈 수 없는 사람들의 특징

(1) 두려워함

요한 계시록에 보면 천국에 못 들어가는 사람들의 특징의 하나를 두려워하는 것이라고 하였습니다(계21:8).

(2) 원망과 불평을 함(민14:2-3).

목마르다, 고기를 안준다, 길이 나쁘다 등등 항상 불평만 합니다. 또 원망하였습니다. 부모를 원망하고 하나님을 원망하고…. 이것은 현실이 어둡고 힘들어서가 아니라 하나의 영적인 병입니다.

(3) 옛날 죄를 사모함(민14:3).

옛날 애굽에서 종노릇할 때가 좋았다고 그때를 사모합니다. 모세는 너무 힘들어서 민수기 11:15절에 "즉시 나를 죽여 나로 나의 공고함을 보지 않게 하옵소서"하고 울부짖었습니다.

(4) 하나님의 약속보다 다수의 의견을 존중함(민13:28; 14:1).

물론 다수의 의견을 존중하기도 해야 합니다. 그러나 다수가 다 진리는 아닙니다. 기독교는 언제나 소수였습니다. 사실 역사를 보면 다수는 언제나 어리석었던 것을 우리는 부인할 수 없습니다. 12명의 정탐꾼의 보고도 마찬가지입니다. 어리석은 보고와 동조자는 다수였고, 믿음의 보고는 소수(2명)였습니다. 특별히 진리의 문제에 대해서든 다수든지 소수든지 항상 하나님의 편에 서야 합니다.

그러므로 이제부터

(엡2:19-22)

본문에서 우리는 교회론을 배우게 됩니다. 과연 교회란 무엇일까요? 교회란 단순히 교인들의 단체일까요? 아니면 친목단체일까요?

1. 교회는 하나님의 권속

(1) 성도들은 모두 하나님의 자녀

자녀가 되면 사랑을 받고, 돌보심을 받고, 도움을 받습니다.

(2) 책임과 섬김의 특권을 갖게 됨(마12:50)

2. 교회는 건물과도 같음

예수님을 모퉁이 돌이라고 했습니다. 이 말씀은 세 가지 중요한 의미가 있습니다.

(1) 모퉁이 돌은 건축을 할 때에 제일 먼저 놓는 돌

다른 돌은 그 후에 같은 모양, 같은 색의 돌로 놓게 됩니다.

(2) 모퉁이 돌은 건물을 지탱하는 돌이요, 받치는 반석

다른 돌은 그 위에 놓게 됩니다. 따라서 모퉁이 돌이 무너지면 모든 건물이 다 무너집니다.

(3) 모퉁이 돌은 건물의 방향돌

모퉁이 돌의 방향에 따라 건물의 방향이 결정됩니다. 따라서 모퉁이

돌이 되신 주님이 옮겨지면 교회라는 건물은 무너집니다. 그리스도 없는 교회는 없는 것입니다.

3. 교회는 선지자들과 사도들의 증거위에 세워진 건물

선지자들과 사도들은 그리스도를 중심으로(구약과 신약위에)세워져 있습니다. 그러므로 선지자들과 사도들의 말씀과 증거는 교회의 반석입니다.(요17:17)

4. 교회는 자라나는 유기체와 같음

하나의 조직이 결코 아닙니다. 유기체입니다. 그러므로 본문은 우리들에게 두 가지의 도전을 하고 있습니다.

첫째 교회와 성도들은 반드시 성장해야 합니다.

둘째 모든 성도는 건물의 일부와 같아서 자신이 해야 할 역할이 있습니다.

5. 교회는 세계적인 규모를 가진 성전

교파나 국가의 차이에도 불구하고 우리는 다 한 보편적 교회입니다. 따라서 분열이나 편견이나 특권이 따로 있을 수 없습니다. 즉 그리스도의 복음은 세계 어디서나 누구에게나 열려 있습니다.

6. 교회는 지역교회로 되어있음

"너희도"라는 말은 바로 지교회인 에베소교회를 두고 하는 말입니다. 이 지교회에는 하나님이 내주하고 있습니다. 그래서 하나님이 거하실 처소라고 하였습니다.

교회 안에는 구별이나 차별이 있을 수 없습니다.

교회에서는 모든 사람이 다 다른 역할이 있습니다.

사도신경을 중심으로 하지 않는 교회는 이단입니다.

하나님이 없는 교회, 주님이 없는 교회는 참된 교회가 아닙니다.

그리스도의 모형인 멜기세댁

(히7:1-3)

1. 살렘의 왕 멜기세댁

창 14:17-24절에 멜기세댁은 족장시대에 살렘의 왕이었다고 했습니다(4절). 살렘이란 예루살렘의 옛 이름입니다. 이 말의 어원은 살롬과 같습니다. 따라서 멜기세댁의 살렘의 왕이란 말은 평강의 왕이라는 뜻입니다. 이것이 바로 참 평강이란 주님을 떠나서는 아무데서도 찾을 수 없다는 진리를 가르쳐줍니다.

그런데 우리는 다른 데서 평강을 찾습니다. 문제는 예수님이 우리의 일반생활과 관계없이도 살 수 있다는 데 있습니다. 우리가 세속생활에 빠져버리면 주님은 영원히 우리와 관계가 없는 분으로 끝날 수 있습니다. 그러므로 참 평강은 주님을 떠나서는 없다는 사실을 기억하고, 모든 생활을 주안에서 할 수 있어야 합니다. 주님에게서 외로움을 달래고, 주님에게서 아픔을 해결하고, 주님에게서 영혼의 갈증을 해결해야 합니다.

2. 멜기세댁은 지극히 높으신 하나님의 제사장(창14:19,22).

그는 족보도 없고 출생과 죽음에 대한 기록도 없는 것이 마치 하나님의 아들이신 예수님과 방불합니다. 물론 마태복음에 보면 예수님의 족보도 나오고, 출생도 나오고 죽음도 나오지만 그것이 다 외형적인 것일뿐 주님의 본질은 여전히 우리들에게는 가리워진 비밀입니다. 여기서 중요한 것은 멜기세댁이 누구냐가 아니라 우리 주님이 누구냐를 깨닫는 것입니다. 주님은 바로 멜기세댁과 같은 그런 제사장입니다.

그러나 주님이 멜기세댁과 다른 것은 주님은 그 자신이 우리의 제사장 일뿐 아니라 우리들을 위해서 하나님께 드려진 영원한 제물도 되신다는 사실입니다. 그러므로 주님이 나를 위한 제물이 되셨다는 것을 믿으면 그것으로 우리들에게는 놀라운 변화가 일어납니다. 따로 우리가 제물을 드릴 필요가 없습니다. 다만 믿으면 됩니다. 믿을 때 제물 되시는 예수님이 우리를 위해 단번에 드려진 제물, 영원한 제물로 변화되고, 현실화되는 역사가 나타납니다.

3. 멜기세댁은 그리스도의 모형(3절하)

멜기세댁이 그리스도의 모형인 것은 바로 주님이 우리의 영원한 왕이시고, 또 영원한 제사장이 되신다는 진리를 우리들에게 가르쳐줍니다.

그런데 주님은 지금도 하나님의 보좌 우편에 앉아 계셔서 우리를 위하여 항상 간구하고 있다는(7:25) 것을 기억하고, 우리들은 어떤 역경이나 처지에서도 낙심하지 말고, 위를 바라보는 삶을 살 수 있어야 합니다.

그리스도의 죽음과 표적

(마27:45-56)

1. 가상 칠언과 영적 교훈

(1) 대상 : 성부 하나님께

눅 23:24절 "아버지여 저희를 사하여 주옵소서. 자기의 하는 것을 알지 못함이니이다."

교훈 : 원수까지 사랑하셔서 용서를 구하시는 주님

(2) 대상 : 회개한 강도에게

눅 23:43절 "오늘 네가 나와 함께 낙원에 있으리라"

교훈 : 죽음과 고통 중에서도 죄인을 용서하신 주님

(3) 대상 : 어머니와 요한

요 19:26-27절 "예수께서 그 모친과 사랑하시는 제자가 곁에 섰는 것을 보시고 그 모친께 말씀하시되 '여자여 보소서 아들이니이다' 하시고 또 그 제자에게 이르시되 '보라 네 어머니라' 하신대 그때부터 그 제자가 자기 집에 모시니라"

교훈 : 십자가의 죽음 중에서도 모친에 대한 효도를 보이신 주님

(4) 대상 : 성부 하나님께

마 27:46절 "엘리 엘리 라마사박다니"

교훈 : 대속의 죽음이 바로 단절이요 절망임을 보여준다.

(5) 대상 : 혼자서

요 19:28절 "내가 목마르다".

교훈 : 인간적 고통, 주님의 목마름으로 우리는 영적 갈등을 면하게
되었다.

(6) 대상 : 혼자서

요 19:30절 "다 이루었다."

교훈 : 사탄의 방해에도 불구하고 지상 사역의 완성을 선포하셨다.

(7) 대상 : 성부 하나님께

눅 23:46절 "아버지여 내 영혼을 아버지의 손에 부탁하나이다."

교훈 : 삼위의 한 분이시지만 죽기까지 성부에게 복종하셨다.

2. 십자가 후에 일어난 사건

(1) 지진과 성전 휘장이 찢어짐(마27:51)

(2) 무덤이 열림(마27:52)

(3) 자던 성도의 몸이 일어남(마27:52)

(4) 부활한 자들이 많이 사람들에게 보임(마27:53)

(5) 백부장이 그리스도로 고백함(마27:54)

(6) 무리들이 뉘우침(눅23:48)

3. 십자가의 결과는?

(1) 예수님의 수치(요19:1-3)-성도의 영광(롬8:17-18)

(2) 예수님의 수고(마27:31-44)-성도의 안식(마11:28)

(3) 예수님의 슬픔(마26:38)-성도의 기쁨(요16:20,22)

(4) 예수님의 버리심(마27:46)-성도의 구원(행16:31)

(5) 예수님의 저주(갈3:13)-성도의 축복(갈3:9)

(6) 예수님의 피흘리심(요19:34)-성도의 사죄(히9:22)

(7) 예수님의 죽으심(요19:30)-성도의 영생(요3:16)

그리스도의 최후 명령

(마28:16-29)

17절에 보면 "예수를 뵈옵고 경배하나 오히려 의심하는 자도 있더라"
고 하였습니다. 이것은 아무리 본다고 해도 거기에서 믿음이 생기는 것
은 아니라는 뜻입니다. 그러면 의심은 어디서 오나요? 의심은 사탄이
뿌린 독소입니다. 이것은 죄와 기도 부족에서 옵니다. 그러면 이제 주
님의 지상명령에 대하여 살펴보겠습니다.

1. 예수님의 명령(19-20)

부활하신 예수님께서 하신 분부는 크게 네 가지입니다.

(1) 먼저 가라(19)

"그러므로 너희는 가서." 왜 주님은 이렇게 말씀하셨을까요? 그것은
우리의 소극적인 마음과 게으른 마음을 아시고 계시기 때문입니다. 그
러므로 이 말은 뜨거운 마음으로 유황불을 향해 치닫고 있는 사람들을
구원하기 위하여 가라는 것입니다.

그러면 어디로 가라는 말입니까? 성도들이 처한 가정, 학교, 직장,
선교지 등 어디든지 가라는 말입니다.

(2) 모든 족속으로 제자를 삼아

이것은 선교의 대상을 말씀한 것입니다. 제자를 삼는다는 말은 단순
히 개종자가 된다는 뜻이 아닙니다. 평생 학생이 되고, 배운다는 뜻입

니다. 모든 족속이란 말은 모든 인종, 모든 민족, 모든 계층을 다 망라한다는 뜻입니다. 그러므로 특별한 사람만 제자가 되는 것은 아닙니다. 누구나 다 제자가 될 수 있습니다.

(3) 세례를 베풀라(19)

이것은 공적 고백이란 점에서 중요합니다. 물세례가 구원의 보증수표는 아닙니다. 그러나 물세례는 '나의 삶을 주님께 바칩니다.' 하고 공적으로 표현한 것이기 때문에 중요합니다.

(4) 가르쳐 지키게 하라

여기서 가르친다는 말은 훈련한다는 뜻입니다. 말하자면 군인처럼 지식을 주입할 뿐 아니라 전쟁을 잘할 수 있도록 숙련되게 훈련한다는 말입니다. 철저한 교육을 뜻하는 말입니다.

2. 예수님의 약속(20절)

항상 함께 하시리라는 임마누엘의 약속은 대단히 중요합니다. 왜냐하면 주님이 함께 하시면 "사망의 음침한 골짜기로 다닐지라도 해를 두려워하지 않아도 되기 때문"입니다. 사실 주님의 보호를 확신하는 이 말씀 없이는 우리는 선교를 할 수 없습니다.

여기서 중요한 것은 주님은 복음전파의 사명뿐 아니라 능력과 권세도 아울러 주신다는 것을 약속하고 있다는 점입니다. 그러므로 일꾼을 부를 때 핑계 대지 말고 온전히 순종해야 합니다.

그물 비유

(마13:47-50)

1. 바다에 친 그물

이 세상은 바다와 같습니다. 평소에는 잔잔하지만 갑자기 바람이 불고, 풍랑이 인다. 여기서 그물이란 교회와 같아서 작은 낚시를 통해서가 아니라 하나님은 많은 영혼들을 그물을 통해서 낚기를 원하십니다.

여기서 우리는

(1) 인간 구원

인간 구원에 대한 하나님의 관심을 볼 수 있습니다.

(2) 구원 방법

구원을 위한 방법으로는 낚시가 아니라 그물을 통한 많은 구원임을 알 수 있습니다(딤전2:4).

그러면 하나님은 어떻게 구원하시나요? 그것은 그물을 통해, 즉 교회를 통해서 하십니다. 그러므로 교회는 고기를 잡기 위해서 존재합니다.

2. 좋은 것과 나쁜 것을 구분함

레위기 11장에 기록된 정한 것과 부정한 것의 구별은

(1) 이방인과의 구별을 위해서 주신 것

표준은 제물로서 사용할 수 있는가 없는가에 따라 결정하였습니다.

짐승은 굽이 갈라진 것과 새김질하는 것의 두 가지 조건이 만족해야 했습니다. 굽이 갈라졌다는 말은 세상과 구별된 삶을 뜻하고, 새김질은 다른 동물들에게 해를 끼치지 않는 평화로운 짐승을 뜻합니다. 다음으로 어류는 지느러미와 비늘이 있어야 한다고 했습니다. 지느러미와 비늘은 수면 가까운 곳에서 사는 고기들이 가지고 있는데 지느러미는 불의한 세상을 저항하면서 물의 흐름을 거슬러 헤엄치듯이 사는 것을 뜻합니다. 조류는 맹금종류와 고독하고 슬픈 새들을 금지하였습니다. 불결하고 더러운 것을 먹고 사는 새들을 금지하였습니다. 곤충류는 날개가 있고 긴 다리를 가진 것, 그래서 뛰어 오를 수 있는 것이어야 했습니다.

지느러미와 비늘이 없는 물고기는 모습이 혐오스러울 뿐 아니라 대개 물 밑으로 기어 다니며 공격성을 띠고 있습니다. 이것은 악의 세력, 사탄의 세력을 상징합니다. 그러나 이제는 더 이상 그런 구별이 필요 없게 되었으므로 레위기 11장은 더 이상 문자적으로 지켜야 할 필요는 없습니다.

(2) 신약시대의 우리는 어떻게 해야 하는가?

행 15:20절에 목매어 죽인 것을 금한다고 하였습니다. 이것은 신약시대에는 복음으로 인해 거룩해져야 할 것을 말씀하고 있습니다.

49절에 "갈라내어"라고 하였습니다. 세상 끝에는 천사들이 와서 의인 중에 악인을 갈라냅니다. 그리고 못된 고기는 풀무 불에(마13:50) 던져 넣어서 거기서 울며 이를 갈 것입니다.

마지막에 있을 최후의 심판 때에는 의인과 악인이 구별되어 악인은 영벌에, 의인은 영생에 들어가게 됨을 강조합니다.

금하는 사람이 없었더라

행28:39031

31절에 보면 "담내히 하나님 나라를 전파하며 주 예수 그리스도께 관한 것을 가르치되 금하는 사람이 없었더라"라고 했습니다. 그러나 바울을 방해 하였던 사람들이 많았었는데 왜 본문에서는 금하는 사람들이 없었더라고 했나요?

1. 금하는 사람이 없었다는 말의 뜻은?

(1) 역사의 주인이신 하나님께서 함께하였다는 뜻

물론 바울이 복음을 전파하는 곳마다 방해꾼들이 있었습니다. 그러나 그런 것은 역사의 주인이신 하나님께서 볼 때에는 아무것도 아니었습니다.

(2) 바울에게 내외적 방해가 있었지만

바울에게 외면적 혹은 내면적 방해가 실제로 있었지만 그러나 바울이 하려고 했던 복음전파를 무력화하지 못했다는 뜻입니다.

(3) 바울의 복음전파를 중지시킬 수 없었음

바울의 복음전파를 중지시킬 만큼의 사건이 일어나지 않았다는 말입니다.

(4) 하나님의 뜻이 하늘에서 이루어짐같이 땅에서도 이루어짐

하나님의 뜻은 하늘에서 이루어진 것처럼 이 땅에서도 반드시 이루어진다는 뜻입니다

2. 우리가 해야 할 금하는 사람이 없는 일은?

(1) 복음 전파에 방해자가 없음

외형적으로는 여러 가지 방해가 있겠지만, 분명한 것은 하나님과 대항할 만큼의 능력을 가진 존재가 없으며 어떤 방해 속에서도 하나님의 뜻은 반드시 이루어진다는 것입니다.

(2) 하나님의 일을 할 때 금하는 사람이 없음

하나님의 뜻을 따라 하나님의 일을 할 때 금하는 사람이 없습니다.

이 땅에는 오직 하나님의 뜻만이 서게 됩니다. 인간의 뜻은 다 바벨탑처럼 언제인가는 다 무너지고 맙니다.

(3) 사랑으로 행할 때 방해자가 없음

하나님의 일을 할 때 사랑으로 하지 않을 때 주변에서 방해가 있고, 장애물이 생깁니다.

3. 금하는 자가 없이 일할 때 주시는 하나님의 축복

(1) 일을 성취케 하심

그러나 자신의 일을 하고 자신의 왕국을 세우려고 하면 다 망하게 됩니다.

(2) 천국에서의 큰 상급이 있음

우리에게 이 땅에서의 어떤 부귀영화가 우리의 목적이 아닙니다. 천국에서의 상급이 우리의 목적입니다.

(3) 이 땅에서 의미 있는 삶을 살 수 있음

참으로 의미 있는 삶은 하나님의 일을 하는 것입니다. 그리고 하나님의 뜻대로 사는 것입니다.

(4) 영광과 유익과 행복이 됨

하나님께는 영광이 되고 다른 사람들에게는 유익을 남기고 자신에게는 행복이 됩니다.

긍휼은 심판을 이긴다

(약2:10-13)

인간에게 가장 무서운 것은 죽은 후에 있게 될 하나님의 심판입니다. 그렇다면 이 심판을 어떻게 면할 수 있나요?

1. 예수 그리스도를 믿어 긍휼을 입으면

예수 그리스도를 믿어 주님의 긍휼을 입으면 심판을 이길 수 있습니다. 본문 13절에 "긍휼을 행하지 아니하는 자에게는 긍휼이 없는 심판이 있으리라. 긍휼은 심판을 이기고 자랑하느니라"고 했습니다.

긍휼이 심판을 이긴다고 했는데 이 긍휼은 바로 믿음의 열매입니다. 믿음의 결과입니다. 믿음이 없이는 긍휼이 생기지 않습니다. 그러므로 주님을 믿으면 주님의 긍휼을 받게 되고, 결과적으로 심판을 이길 수 있습니다.

왜냐하면 주님에게서 긍휼을 받는 사람의 특징은 남에게 긍휼을 베풉니다. 반대로 남에게 긍휼을 베풀지 않는 사람은 주님의 긍휼을 입을 수가 없습니다. 다시 말해서 주님의 긍휼을 받은 사람은 남에게 긍휼을 베풀지 않고는 견딜 수가 없습니다. 그러므로 긍휼은 입는 것과 베푸는 것이 함께 갑니다. 주님에게서 긍휼을 입은 사람들은 남에게 긍휼을 베풀지 않고는 견딜 수 없는 것입니다.

2. 믿음이 있어야 주님의 긍휼을 입게 됨

우리가 믿음이 있어야 주님의 긍휼을 입게 되고, 심판을 면하게 되는데 그러면 우리가 믿음이 있는 것을 어떻게 알 수 있습니까?

그 해답은 아주 간단합니다. 긍휼이 있는 사람은 믿음을 소유한 증거가 됩니다. 우리가 주님을 믿게 될 때에 우리는 주님의 사랑에 감격하게 되고, 마침내 남을 불쌍히 여기는 마음, 즉 긍휼이 생기게 됩니다. 바로 이 긍휼은 믿음의 열매이기 때문입니다.

3. 어떻게 긍휼을 가질 수 있나

그러면 우리가 어떻게 긍휼을 가질 수 있습니까?

(1) 진심으로 주님을 믿을 때

진심으로 주님을 믿으면 긍휼이 생깁니다. 주님을 믿는 것은 그의 십자가의 사랑을 믿는 것입니다. 주님을 믿는다는 것은 그의 부활을 믿는 것입니다. 주님을 믿는다는 것은 우리가 천국에서 영생할 것을 믿는 것입니다. 그래서 우리는 긍휼히 여기는 마음이 생깁니다. 이 세상만 바라보는 사람들은 긍휼이 없습니다. 있다고 해도 쇼요 위선입니다. 양심의 가책을 면하기 위해서입니다.

(2) 주님의 사랑에 감격할 때

주님의 사랑에 감격할 때 우리에게 긍휼이 생깁니다. 주님의 사랑은 여러 가지 면에서 나타납니다. 가장 큰 사랑은 물론 십자가의 사랑입니다. 우리를 위해서 대신 죽으신 것 이상으로 큰 사랑은 없습니다.

지금도 주님은 하나님의 보좌 우편에 계시면서 기도하여 주십니다. 주님의 기도도 우리에게 감격을 줍니다. 그럴 때 긍휼이 생깁니다.

(3) 긍휼은 행함으로 성장

그런데 이 긍휼은 행함으로 성장하고, 그때에 주님께 대한 감사가 더욱 깊어집니다.

긍휼은 마음으로 느끼는 것이지만 그것은 행동으로 표현됩니다. 긍휼은 계속해서 행할 때 성장합니다. 우리가 감사가 없는 것은 주님의 긍휼을 계속해서 느끼지 못하기 때문입니다. 사랑은 줄수록 많아지고, 긍휼도 줄수록 많아집니다. 우리 모두가 긍휼이 심판을 이긴다는 것을 깨닫고 긍휼을 베푸는 성도가 되시기를 바랍니다.

우리는 다 내세에, 하나님 앞에서 심판을 받을 때에 무엇이라고 하실까 하는 염려가 다 있습니다. 그러나 확실한 것은 긍휼은 심판을 이긴다는 진리입니다. 그러므로 날마다 긍휼을 느끼고, 긍휼을 베풀고 사는 성도들이 되기를 바랍니다.

기다려 봅시다

(마13:31-32)

본문의 말씀은 겨자씨 비유입니다. 이 비유는 조급해하는 제자들에게 참고 기다리면 하나님께서 열매를 맺게 해주신다는 것을 교훈한 비유입니다.

그러면 겨자씨 비유와 누룩비유가 주는 교훈은 무엇일까요?

1. 아주 큰일도 시작은 겨자씨처럼 작음

아무리 위대한 것이나 큰일도 시작은 언제나 겨자씨처럼 작고, 누룩처럼 눈에 보이지 않았다는 것입니다.

그러므로 모든 것은 시시하고 미미한 데서 시작하므로 조급해하지 말고 기다리라는 것입니다. 따라서 우리는 작은 일을 소홀히 해서는 안 됩니다.

(1) 겨자씨 비유

겨자씨 비유에서 주님이 강조한 것은 작다는 점이었습니다. 그러면서 한 편으로는 자란 후에는 크게 되는 것을 강조하고 있습니다. 복음의 증거도 한 사람에게서 시작하여 나중에는 온 가정과 온 마을 그리고 온 세계로 번져가는 것입니다.

기독교의 역사가 바로 그 증거입니다.

(2) 신앙생활에서도 서두르면 안 됨

28-29절에서도 빨리 해결하려고 서두르는 모습을 볼 수 있습니다.

그러나 주님은 "가만 두어라. 가라지를 뽑다가 곡식까지 뽑을까 염려하노라"고 했습니다. 빨리 장로가 되려고 서두르고, 빨리 축복받기를 서두릅니다. 하지만 큰일을 바라는 우리들에게 모든 것의 시작은 겨자씨처럼 작다는 것을 알아야 합니다.

(3) 겨자씨는 작아서 눈에 잘 띄지 않음

우리는 왜 나를 알아주지 않느냐? 왜 알아주지 않느냐 하면서 서두르면서 조급해합니다. 처음에는 겨자씨처럼 작은데 어떻게 남의 눈에 띄며 인정을 받을 수 있으며 큰 것을 기대할 수 있습니까? 중요한 것은 가치 있는 것은 시간이 되면 언제인가는 드러나고 인정받게 된다는 것입니다. 그러므로 인내하면서 기다려야 합니다.

2. 아무리 작은 겨자씨라도

아무리 작은 겨자씨라도 자란 뒤에는 나무가 되어 공중의 새들이 앉을 수 있을 만큼 성장합니다.

기독교의 발달도 처음에는 아주 미미하고 보잘 것이 없었습니다. 그러나 오늘에 와서는 "공중의 새들이 와서 그 가지에 깃들이느니라"(32절)는 말씀대로 많은 사람들이 믿게 된 것입니다.

3. 왜 기다려야 하는가?

인내의 축복은 기다리는 영혼에게만 열려지기 때문입니다. 하나님은 말씀합니다 "때가 되면 나 여호와가 속히 이루리라."

(1) 하나님의 시간을 앞지르는 무모함을 피함

우리가 기다리는 것은 하나님의 시간을 앞지르는 무모함을 피하기 위해서입니다.

믿음의 아버지인 아브라함도 실수를 저질렀습니다. 그는 기다리지를 못했습니다. 하나님께서 아브라함에게 아들을 주신다고 했을 때에 아브라함은 주실 때까지 기다리지를 못했습니다. 그래서 다메섹 출신의 엘리에셀이란 청지기를 양자로 삼으려고 했고, 다음에는 사라의 애굽 출신의 하녀인 하갈을 첩으로 취해서 이스마엘이란 아들을 낳아 대를 이으려고 했습니다. 그 결과 지금도 가자 지역에서는 총소리가 계속되고 있고 세계에서 가장 위험한 지역이 되고 있습니다.

(2) 인간의 성급함이 받은 대가

인간의 성급함이 하나님의 의를 이루지 못하기 때문입니다. 이 세상의 모든 것은 하나님의 결재 없이는 안 됩니다. 서두른다고 되는 것이 아닙니다. 그러므로 기다려야 합니다.

(3) 말씀대로 참고 견디어야

주님도 히12:1-2절의 말씀대로 참고 견디셨기 때문입니다. 당시 대제사장들과 장로들의 조롱을 참고 견디셨으며 심지어는 십자가에 달린 강도의 조롱까지 참고 견디셨습니다. 이와 같이 참고 기다리면 때가 되면 이루어집니다.

4. 성장을 위해 해야 할 것

그러면 우리가 미미하지만 앞으로 성장키 위해 해야 할 것은 무엇일까요?

(1) 내가 할 것은 아무것도 없음

근본적으로 내가 할 것은 아무것도 없습니다. 나무를 성장케 하고, 꽃을 피게 하고, 열매를 맺게 하는 것은 하나님이시기 때문입니다. 내가 해야 할 일은 오직 하나님만을 찬양하며 기다리는 것입니다.

(2) 작은 것을 소중히 함

작은 것을 무시하지 말고, 성장하기까지 기다리는 것입니다. 성공은 기다림의 열매이기 때문에 인내 없이는 불가능합니다. 또한 기다림은 소망이 없이는 불가능합니다. 하나님의 약속을 믿는 소망의 믿음이 없이는 불가능합니다.

(3) 나무의 가지치기를 하듯

기다리면서 가지 쳐주기를 해야 합니다. 세상의 나무들은 너무 위로만 자라면 밑으로 뿌리가 약해지기 때문에 가지를 쳐줍니다. 그래야 뿌리가 깊어지고 사방으로 퍼집니다. 비바람이 불 때 가지가 부러지고 나무가 넘어지는 것은 가지를 쳐주지 않았기 때문입니다.

그러면 성도들의 가지쳐주기는 무엇입니까?

생활 속에서 나쁜 습관, 즉 자신에게 덕이 안 되고, 남에게 도움이 안 되고, 하나님께 영광이 안 되는 것을 잘라 버리는 것입니다.

기다려야 할 때

(출2:11-15)

1. 기다릴 줄 모르면?

(1) 인간적인 방법을 사용한 결과

모세처럼 인간적인 방법을 사용하다가 심지어 사람을 죽이게 됩니다 (12절).

모세는 동족에 대한 간절한 마음이 있었습니다. 그러다가 애굽 사람을 죽이게 되었습니다. 그러나 아직은 하나님의 부르심이 있을 때까지 기다려야 했습니다. 모세는 아무것도 해결하지 못하였습니다.

(2) 부분만 보고 남을 쉽게 판단하게 됨(13절).

본문에 보면 히브리인들끼리 싸운 것을 보고 "네가 어찌하여 싸우느냐?"고 모세는 쉽게 판단을 하였습니다. 인간은 한편밖에 못 봅니다. 그래서 전체를 보려면 시간이 필요합니다. 시간이 지나야 볼 수 있기에 우리는 기다릴 줄 알아야 합니다.

2. 왜 기다릴 줄 모르는가?

(1) 사람과 환경만 바라보기 때문(12절).

"좌우로 살펴 사람이 없음을 보고". 인간은 좌우만 봅니다. 위를 못 봅니다. 그러니까 초조하고 성급합니다.

(2) 인간의 시간만 계산하고 하나님의 시간을 모르기 때문

사람들은 인간의 시간만 계산하고 하나님의 시간을 모르기 때문에 기다릴 줄 모릅니다.

하나님은 모든 것을 아시는 분이십니다. 그래서 다 보십니다. 그리고 가장 좋은 방법으로 이루어 가십니다.

3. 기다릴 줄 아는 두 여인(1-10).

(1) 믿음으로 행한 요게벳(히11:23).

본문에는 이름이 없지만 민수기 26:59절에는 모세의 어머니의 이름이 나옵니다. 요게벳은 하나님의 때를 기다릴 줄 아는 여인이었습니다. 모세를 나일 강에 띄울 때까지 3개월을 기다렸고, 그 후에는 유모로서 모세가 장성할 때까지 교육을 하면서 기다린 것입니다.

(2) 순종한 미리암(7절)

모세의 누이 미리암은 하나님께 순종하였고, 어머니께 순종하였습니다. 순종은 결코 약해서가 아닙니다. 하나님의 뜻을 기다릴 줄 알았기 때문입니다. 7절에 보면 바로의 딸에게 어머니인 요게벳을 소개하여 어려서 신앙교육을 시킬 수 있는 기회를 갖게 한 것은 하나님의 때를 기다릴 줄 알았기 때문입니다.

4. 기다리는 사람이 되려면?

(1) 모든 것이 합력하여 선을 이룬다는 것을 믿어야(롬8:28).

믿음이 없이는 못 기다립니다. 아브라함이 실수했고, 야곱도 실수했고, 사울왕도 길갈에서 기다리지를 못해 사무엘 선지자로부터 "망령되이 행하였나이다"라는 책망을 받았습니다. 다 믿음이 없었기 때문입니다.

(2) 때가 이르면 거둔다는 것(갈6:9).

때가 이르면 거둔다는 것을 믿어야 합니다

(3) 하나님의 때를 볼 줄 알아야

하나님의 때를 보려면 기다려야 합니다. 하나님이 보여주실 때까지 기다려야 합니다.

기도할 때에

(행22:17-21)

바울이 다메섹 도상에서 부활의 주님을 만나 회심을 하고 아라비아에 가서 3년 동안 있다가 돌아왔을 때에 제일 먼저 한 것이 성전에 들어가 기도하였다고 했습니다.

1. 기도란 무엇인가?

(1) 하나님과의 영적 대화

우리 인간은 관계적 존재이기 때문에 서로간의 대화가 꼭 필요하고 또 가장 중요합니다. 성경을 보면 하나님께서 그의 형상, 그의 모양대로 인간을 창조했다고 했습니다. 이 말의 의미는 하나님의 피조물 중에 인간만이 하나님께서 대화의 대상으로 창조했다는 의미입니다.

(2) 천국 창고의 열쇠

하나님께서는 우리를 사랑하셔서 우리가 살아가면서 필요한 모든 것을 천국 창고에 가득 쌓아두시고, 필요할 때에 언제나 사용하라고 그 열쇠를 우리에게 맡겨 주셨습니다. 그 열쇠가 바로 기도입니다.

(3) 사탄이 틈타지 못하도록 잠가두는 자물쇠

문제는 사탄이 우리의 모든 부분마다 들어와서 속이고, 유혹하고 있는데 이것을 방지하는 방법은 오직 기도밖에는 없습니다. 기도는 우리의 마음의 문을 잠가두는 최고의 자물쇠이기 때문입니다.

2. 왜 기도해야 하는가?

(1) 필요한 것이 있기 때문

우리에게는 지혜가 필요하고, 위로가 필요하고, 힘이 필요합니다. 그런데 기도하면 하나님께서 이런 모든 것을 주십니다.

(2) 하나님의 뜻을 알기 위해서

예수님께서 감람산에서 기도하셨을 때에 뭐라고 기도했습니까?

"아버지여 할 만하시거든 내 잔을 옮기시옵소서. 그러나 내 원대로 마옵시고 아버지의 원대로 하옵소서" 즉 기도의 최고의 목적은 하나님의 뜻을 알기 위해서입니다.

(3) 승리하기 위해서

인간의 최고의 목적은 하나님과 동행하는 것입니다. 어떻게 동행합니까? 바로 기도입니다. 에녹은 300년간 하나님과 동행하였습니다. 어떻게 동행했을까요? 바로 기도입니다. 기도는 하나님과 동행하는 방법입니다.

3. 기도는 어떻게 해야 하는가?

(1) 소리로 혹은 묵상으로

기도는 소리를 내서 할 수도 있고, 묵상이나 금식으로도 할 수 있습니다.

(2) 기도는 구체적으로

마치 하나님께서 전혀 모르시는 것처럼 아주 구체적으로 해야 합니다.

(3) 의심하지 말고 확신을 가지고

기도는 의심하지 말고. 확신을 가지고 해야 합니다.

야고보서 1:6-7절에 "오직 믿음으로 구하고 조금도 의심하지 말라. 의심하는 자는 마치 바람에 밀려 요동하는 바다물결 같으니 이런 사람은 무엇이든지 주께 얻기를 생각하지 말라."

(4) 기도는 간절히 해야

하나님께서 허락하실 때까지 끝까지 간절히 해야 합니다.

(5) 기도는 목적이 선하고 분명해야

그것은 바로 하나님의 영광입니다. 정욕으로 쓰려고 구해서는 안 됩니다.

4. 기도는 어떻게 응답되는가?

(1) 'yes'

하나님의 뜻에 합했을 때에 응답하는 방법입니다.

(2) 'no'

하나님의 뜻을 거역하거나 우리에게 해로운 것을 구할 때에는 안 된다고 응답 하십니다. 안 된다는 것이 응답인 줄로 깨닫고 믿어야 합니다.

(3) 'wait'

지금 필요한 것이 아닌데 믿음이 없어서 미리 달라고 했을 때 하나님께서는 기다려라 하고 응답하십니다.

기드온의 기도

(삿6:22-23; 36-40)

가나안 땅에 들어가기 전에 하나님께서는 이스라엘에게 가나안 백성들을 '두려워하지 말라'고 했습니다. 또 '결코 버리지 않겠다'고 약속까지 했습니다(수1:6; 10:25).

얼마나 놀라운 축복의 말씀입니까? 그럼에도 불구하고 사사시대의 이스라엘 백성들은 가나안 사람들을 두려워하였고, 가나안 땅의 신들을 두려워하여 우상숭배에 빠지기 시작했습니다. 출애굽할 때의 하나님의 권능을 다 잊어버린 것입니다.

기드온은 이런 배경 속에서 선민 이스라엘이 미디안의 압제 속에 있을 때에 하나님으로부터 소명을 받은 사사입니다. 그러면 기드온은 어떤 기도를 했는지를 살펴보면서 함께 은혜를 나누려고 합니다.

1. 미약한 가문 출신 기드온

기드온은 본래 므낫세 지파 중에서 가장 미약한 집안의 출신이고, 그 가문 중에서도 가장 보잘 것 없는 사람이었습니다(15절). 그러나 하나님께서 함께하므로 권능의 사람, 권능의 지도자가 된 것입니다. 그러나 기드온에게도 방황이 있었습니다.

(1) 기드온의 방황은 무엇이었는가?

첫째는 여호와께서 함께 하시면 '어찌하여' 모든 고통당하는 일들이 자기들에게 일어나느냐는 의문이었습니다(13절). 우리도 이런 의문이 있을 때가 있을 것입니다. 어찌하여 이런 일이 내게 일어나는가? 왜 내게 이런 일이 일어나는가? 다른 사람도 아닌 나에게, 내가 남보다 더 죄가 많은 것도 아니고, 열심히 주를 믿는데 왜 내게 이런 일이 일어나는가? 있을 수 있는 방황입니다.

둘째는 기드온은 하나님께서 이스라엘을 출애굽하셨지만 그러나 지금은 그 이적이 어디 있느냐고 물었습니다(13절). 우리도 그 옛날의 이적이 왜 또 안 일어나는가 하고 물을 때가 있습니다. 사실 우리 교회는 하나님의 이적을 체험한 교회입니다. 그러나 지금 우리는 또 이적을 일으켜 달라고 기도하고 있습니다. 저는 하나님의 함께하심을 확신합니다. 그러나 성도들이 과거의 이적을 잊고 있고, 따르지 못하는 사람들이 보이기 때문에 주여 또 이적을 일으켜 달라고 기도하고 있습니다. 하나님은 저에게 그런 이적의 작은 실마리들을 지금 보여주고 계십니다. 우리가 새벽기도를 하고 있는 동안 언제인가는 하나님께서 놀라운 이적을 일으켜 주실 줄로 믿습니다. 왜냐하면 기드온에게도 그렇게 하셨기 때문입니다.

셋째는 기드온은 이제 자기들을 버리고 미디안의 손에 붙이신 것이 아니냐 하는 의문을 가졌습니다(14절). 버림받은 것이 아닌가? 이것은 일종의 의심입니다. 의심은 확신이 없을 때는 언제든지 생길 수 있습니다. 그러므로 우리는 확신에 차 있어야 합니다. 그러므로 너희는 배우고 확신한 일에 거하라고 했습니다. 믿습니까? 그렇습니다. 아무리 하나님의 사람이라고 해도 때로는 의심할 때도 있고, 하나님께 의문을 가질 때도 있는 것입니다.

(2) 기드온을 사역자로 쓰심

그러면 어떻게 하나님은 기드온을 당신의 사역자로 쓰셨을까요?

첫째로 자신의 무능함을 알고 있는 사람이었기 때문입니다(15절). 자신의 무능함을 아는 사람은 자신을 아는 사람입니다. 자신을 아는 사람은 참으로 강한 사람입니다. 이런 사람을 하나님은 쓰십니다. 모세가 "내가 누구관대 바로에게 가며 이스라엘 민족을 구하여 내리까" 하고 자신을 깨달았을 때에 이스라엘의 지도자로 부르셨습니다. 이사야가 나는 입술이 부정한 사람이요 입술이 부정한 사람 중에 거하면서 하나님을 뵈었음이라고 자신의 죄악을 깨달았을 때에 하나님은 그를 쓰셨습니다. 베드로가 주여 나를 떠나소서. 나는 죄인이로소이다 라고 고백하였을 때에 제자로 부르신 것입니다.

둘째는 스스로 작게 여기는 겸손한 자였기 때문입니다(15절). 하나님은 반드시 겸손한 자를 쓰십니다. 겸손은 하나님의 축복을 받는 보석상자입니다. 사울왕도 겸손할 때에 쓰셨고 교만할 때에 버리셨습니다.

셋째는 은혜의 징표를 구하는 기도의 사람이었기 때문입니다(17절). 우리가 토요일마다 특별 새벽기도회를 갖는 것은, 기도는 능력을 가져오고, 기적을 일으키고, 하나님의 역사를 일으키기 때문입니다.

기드온처럼 마음에 의심이 있고, 방황하게 되어도 기도하면 다 해결됩니다. 겸손하면 하나님께서 버리지 않으십니다. 자신의 무능함을 깨달을 때에 하나님은 능력으로 역사하십니다. 믿습니까?

기쁘게 하는 삶

(롬15:1-3)

오늘 본문에서는 계속해서 믿음이 강한 자와 믿음이 약한 자를 서로 비교하고 있습니다. 여기서 믿음이 강한 자란 말은 14:1절의 말씀처럼 고기를 마음대로 먹을 수 있는 이방인 신자들을 말하고, 믿음이 약한 자란 말은 고기는 대부분 우상숭배의 제물로 바쳐진 것이기 때문에 부정하여 먹을 수 없다고 생각하는 유대인 계통의 사람들을 말합니다.

바울은 여기서 믿음이 약한 자들을 기쁘게 하는 삶을 살 것을 말씀하고 있습니다. 믿음이 강한 자는 "마땅히 연약한 자의 약점을 담당하고, 자기를 기쁘게 하지 아니할 것이라"(15:1)고 했습니다. 오늘은 이 말씀을 중심으로

① 왜 우리는 기쁘게 하는 삶을 살아야 하는가?

② 누구를 기쁘게 하는 삶을 살아야 하는가?

③ 기쁘게 하는 삶이란 무엇인가?를 말씀드리면서 함께 은혜를 나누려고 합니다.

(1) 왜 우리는 기쁘게 살아야 하는가?

첫째는 그것이 하나님의 뜻이기 때문입니다. 하나님의 뜻은 이해가 되는 것도 있고 없는 것도 있습니다. 그러나 하나님의 뜻은 반드시 어떤 목적이 있습니다. 그러므로 내가 이해되지 않는다 할지라도 기쁘게

하는 삶을 살아야 합니다.

둘째로 기쁘게 하는 삶은 행복의 근본 비결입니다. 행복은 언제나 어떤 결과로 오는 것이지 직접적으로 오는 것이 아닙니다. 아내가 남편을 기쁘게 해주고, 자녀들을 기쁘게 해줄 때 주부의 행복이 찾아옵니다. 반대로 자신만의 기쁨을 추구하는 사람은 얻지도 못하지만 결국 불행에 빠집니다. 그래서 우리는 남을 기쁘게 하는 삶을 살 때 내가 행복해집니다.

셋째로 기쁘게 하는 삶은 교회에 덕을 끼칩니다. 2절에 보면 이웃을 기쁘게 하는 것과 덕을 세우는 것을 연결시키고 있습니다.

(2) 누구를 기쁘게 하는 삶을 살아야 하는가?

먼저 하나님을 기쁘게 하는 삶을 살아야 합니다. 하나님께서 인간을 창조하신 목적이 바로 여기에 있기 때문입니다. 웨스트민스터 소요리문답 제1번에 인생의 제일 되는 목적이 무엇이냐? 라는 질문에 대해서 "인생의 제일 되는 목적은 하나님을 영화롭게 하고, 또 영원토록 그를 즐거워하는 것이라"고 했습니다.

다음은 이웃을 기쁘게 하는 삶을 살아야 합니다. 바울이 말하는 덕을 끼치는 삶이란 바로 이웃을 기쁘게 하는 삶을 말합니다. 가정에서 영화관에 갈 때 어떤 내용을 보십니까? 자녀들이 있는 분들은 자녀들이 좋아하는 만화영화를 봅니다. 자녀들이 보고 기뻐할 때에 부모들도 기쁘기 때문입니다. 이웃을 기쁘게 하는 것은 이웃을 기쁘게 하면 그 기쁨이 우리들에게 전달됩니다.

영어에 기쁨이란 단어는 Joy(Jesus, others, yourself)인데 그것은 참 기쁨은 먼저 예수님, 다음은 이웃, 끝으로 자신을 놓을 때에 참 기쁨이 온다는 뜻입니다.

(3) 주님을 기쁘게 하는 삶이란 무엇인가?

첫째는 1절의 말씀처럼 상대방의 '약점을 담당'하는 것입니다. 그것은 바로 관심을 가지는 것이고, 이해하는 것이고, 존중히 여기는 것을 말합니다. 그것은 바로 사랑입니다.

둘째는 2절의 말씀처럼 "덕을 세우도록 할지니라." 덕을 세우는 것이 기쁘게 하는 삶입니다. 언제 덕이 됩니까? 그것은 교회를 중심으로 하고 자신은 양보하는 것이 덕이 됩니다.

셋째는 3절의 말씀처럼 주님께서 '비방을 받지 않도록' 하는 것입니다.

인생은 그 무엇인가를 기쁘게 하는데 삶의 목적이 있습니다. 그러나 자신만 기쁘게 하는 삶 속에는 참 행복이 없습니다. 남을 기쁘게 할 때 참 기쁨이 옵니다. 그러나 영원한 기쁨은 주님을 기쁘게 할 때에 옵니다. 그러므로 우리는 날마다 주님을 기쁘게 하고, 이웃을 기쁘게 하는 삶을 살 수 있기를 축원합니다.

기생 라합의 신앙

(히11:31)

예수님의 족보에 여자들의 이름이 몇이 나옵니다. 룻과 라합이 바로 그런 사람입니다. 둘 다 이방여자입니다. 그러나 이들을 신앙의 대표적 인물로 성경은 말씀하고 있습니다.

1. 정탐꾼을 숨겨준 믿음의 사람 라합

기생 라합은 두 정탐꾼을 숨겨준 믿음의 사람이었기 때문입니다(수2 장). 라합은 아모리 족속입니다. 가나안에 있었던 7족속 중의 하나입니다. 이 족속은 하나님께서 멸망시키시기로 결정한 족속입니다. 그런데 그가 어떻게 구원을 받았으며 예수님의 족보에 오를 수 있었을까요?

(1) 두 정탐꾼을 숨겨준 믿음의 사람이었기 때문

이것은 사람보다 하나님을 더 두려워하였다는 뜻입니다. 라합은 하나님이 함께하시는 이스라엘 나라에 두려움을 가졌습니다. 그래서 두 정탐꾼이 왔을 때에 서슴없이 정탐꾼을 숨겨주었습니다. 심지어 창문으로 이들을 도망치도록 도와주었습니다. 여기서 기생 라합은 자기와 가족들을 여리고 성이 함락할 때에 살려준다는 약속까지 받았습니다. 그래서 6장에 보면 라합과 그의 가족들이 다 살게 되었다고 했습니다.

여호수아 2:4-6절에 보면 정탐꾼을 보호하기 위해서 라합이 거짓말을 하는 내용이 나옵니다. 과연 이것이 성도로서 옳으냐 하는 문제가 대두됩니다. 여기서 직무상의 거짓말이기는 하지만 그것이 옳으냐, 그래서 이것을 칭찬한 것은 잘못이라고 말하는 사람들도 있습니다. 거짓말을 했다는 것 한 가지만 보면 그 말은 맞는 말입니다. 그러나 진실이란 것이 사실과 일치하는 것만이 아닙니다. 하나님께 충실한 것이 보다 더 중요한 때가 있습니다. 다시 말하면 신앙은 도덕과 윤리를 때로는 초월한다는 점입니다. 인간적으로는 비록 거짓말을 한 것이 사실이지만 그럼에도 불구하고 라합의 행위는 믿음으로 간주되었던 것입니다.

2. 자녀교육에 성공한 어머니 라합

기생 라합(보아스의 어머니)은 자녀교육에 성공한 믿음의 어머니(마1:5)였습니다.

마태복음 1:5절에 보면 라합은 살몬에게서 보아스를 낳았다고 했습니다. 보아스가 누구입니까? 룻과 결혼하여 고손인 다윗을 낳은 바로 그 사람입니다.

성경에 보면 보아스는 부유한 농부요 관용과 믿음이 좋은 사람으로 기록되어 있습니다. 이런 자녀를 길렀다면 기생 라합은 우리가 생각하는 술집에서 몸이나 파는 그런 천박한 여자가 아니었음을 알 수 있습니다.

3. 행함이 있는 믿음의 사람 라합

기생 라합은 행함이 있는 믿음의 사람(약11:31)이었습니다. 여호수아 2:9절에 라합은 이렇게 말합니다.

"여호와께서 이 땅을 너희에게 주신 줄을 내가 아노라"라고.

정탐꾼들에게 말하는 내용이 나옵니다. 얼마나 놀라운 믿음입니까? 정탐꾼 둘이 라합을 살리기 위해서 3가지 조건이 제시되었습니다.

（1） 붉은 끈의 표시

정탐꾼 둘을 성 밖으로 달아 내리는데 붉은 끈을 이스라엘 군대가 여리고 성으로 쳐들어올 때에 표시로 매달아 둘 것을 지시했습니다.

（2） 가족이 모두 집 안에서 대기

여리고 성이 점령당할 때에 라합과 그의 가족들은 아무도 밖으로 나오지 말고 집에 있어야 한다고 했습니다.

（3） 붉은 줄의 의미

정탐꾼과 맺은 약속에 대해서 비밀을 지켜야 한다는 것이었습니다. 비밀을 누설치 말라고 한 것은 라합의 가족들의 안전을 위한 것이었습니다. 여기서 중요한 것은 21절에 나오는 붉은 줄의 의미입니다. 이것은 예수님의 피를 예표하는 것이며 출애굽 당시에(출12:1-13) 문설주에 양의 피를 바른 것과 같은 의미였습니다. 그러므로 우리는 '나의 죄를 씻기는 예수의 피밖에 없다'는 것을 믿고 피가 있는 신앙, 피가 있는 생활이어야 합니다.

기억하는 은혜와 기억하지 않는 은혜

(히8:7-13)

1. 하나님의 은혜 가운데 중요한 것은 기억하는 은혜

그것은 바로 우리의 연약함을 기억하시는 것입니다(히4:15-16). "우리의 연약함을 체휼하지 아니하는 자가 아니요"라고 했습니다. 반대로 그러나 우리는 기억하지를 못합니다. 소위 건망증이 심합니다. 그래서 받은 바 은혜는 생각지 않고, 받지 못한 것만 생각합니다. 그래서 감사가 없고, 항상 불평이요 불만입니다.

하나님께서 우리에게 베풀어주시는 기억하는 은혜의 의미가 무엇일까요?

우리의 연약함을 기억하셔서 우리가 넘어지지 않도록 항상 붙들어 주시고, 인도하시고, 도와주십니다(사41:19).

분명히 우리를 도와주시고 붙들어 주리라고 약속했습니다. 왜 그렇습니까?

이유는 우리의 연약함을 기억하시기 때문입니다. 하나님은 전지하시기에 우리들의 연약함을 아시지만 더욱 놀라운 것은 독생자 예수님을 이 땅에 보내셔서 친히 체험하시고, 경험하셨던 것입니다. 그래서 우리들의 연약함을 이론적으로 아는 것이 아니라 체험적으로 아시는 것입니다. 그러므로 우리들은 염려할 필요가 없습니다. 하나님이 우리들의 연약함을 아시기 때문입니다.

2. 우리의 죄를 기억하지 않으시는 은혜(12절).

본문 12절에 "저희 죄를 다시 기억하지 아니하리라." 또 이사야 43:25절에 "나 곧 나는 나를 위하여 네 허물을 도말하는 자니 네 죄를 기억지 아니하리라"고 했습니다. 심지어 미가서 7:19절에 "우리의 죄악을 발로 밟으시고, 우리의 모든 죄를 깊은 바다에 던지시리이다"고 했습니다.

그런데 우리가 믿음이 없어서 과연 하나님이 내 죄를 용서했는가 하면서 의심합니다. 염려가 되어서입니다. 그러나 의심하지 마시고, 염려도 하지 마시기를 바랍니다. 왜냐하면 하나님께서 우리의 죄를 기억하지 않기 때문입니다. 예수님의 피가 우리의 죄를 다 씻으셨기 때문입니다.

기회가 왔을 때

(행24:17-26)

1. 누구에게나 주어진 은혜와 구원받을 기회

사람들에게는 은혜 받을 만한 기회, 구원을 얻을 만한 기회가 누구에게나 찾아옵니다.

24절에 "그리스도 예수 믿는 도를 듣거늘." 놀라운 것은 총독인 벨릭스와 그의 아내인 드루실라에게 복음을 들을 수 있는 기회가 왔다고 했습니다. 이와 같이 세상 사람들에게는 방법은 다르나 다 자기 나름대로 기회가 있습니다.

(1) 기회를 잡는 지혜

문제는 어떻게 이 기회를 내 것으로 만들 수 있을까 하는 것입니다.

그것은 지금 밖에는 기회가 없다는 것을 믿고 내일로 미루지 않고 그 기회를 잡아야 된다는 말씀입니다. 시간적으로 바로 현재입니다. 결코 미래가 아닙니다. 고린도 후서 6:2절에 "보라 지금은 은혜 받을 만한 때요 보라 지금은 구원의 날이로다"라고 했습니다.

(2) 바울이 강론한 복음

바울에게서 들은 '복음의 내용'은 무엇입니까? 25절에 보면 바울은 '의와 절제와 장차 오는 심판'을 강론하니 라고 하였습니다.

첫째 의의 문제였습니다.

인간이 천국에 가는 것은 의롭게 되어야 하는데 그것은 율법이 아닌 오직 믿음으로 의롭게 된다는 놀라운 말씀이었습니다.

둘째 절제의 문제였습니다.

사실 인간은 스스로를 절제할 수 없습니다. 오직 중생한 사람만이 신앙양심으로 절제가 가능합니다.

셋째 심판의 문제였습니다.

종말에 다가올 심판은 우리들을 좀 더 성실하게 하고, 기도하게 하고, 봉사하게 만듭니다. 우리는 심판대 앞에서 부끄러움이 없는 삶을 살아야 합니다.

(3) 기회는 하나님의 시간에 맞추어야

기회는 항상 찾아오는 것이 아님을 알아야 합니다.

기회라는 말은 다른 말로 하나님의 시간을 말합니다. 중요한 것은 역사의 주관자는 하나님이시기에 우리는 하나님의 시간에 초점을 맞추고, 그것에 관심을 가져야 합니다.

2. 기회를 상실한 베릭스

믿는 것도 기회입니다. 아무나 믿는 것이 아닙니다. 물론 그것은 하나님의 은혜이기도 합니다만 결론은 내가 내리는 것입니다. 베릭스에게 기회가 왔는데 그는 그 기회를 상실하고 말았습니다. 25절에 보면 "시방은 가라. 내가 틈이 있으면 너를 부르리라"고 했습니다.

(1) "시방은 가라"

정말 안타까운 일입니다. 지금이 기회인데 놓친 것입니다. 우리는 내일도 기회가 있을 것이라고 생각합니다.

그러나 하나님께서 주셔야 내게 기회가 되지 안 주시면 영원히 기회를 상실하고 마는 것입니다.

(2) "내가 틈이 있으면 너를 부르리라".

이 말은 틀린 말입니다. 틈은 기다리는 사람이 아니면 누구에게나 없기 때문입니다. 또한 틈이란 너무도 작기 때문에 잘 안 보이고, 무시하게 되어 잡기가 쉽지 않습니다. 더욱 중요한 것은 하나님이 주셔야 틈이 납니다. 환경이 허락해야 틈이 납니다. 다른 사람이 동의해야 틈이 납니다. 그러므로 틈은 내 마음대로 되는 것이 아닙니다.

(3) "너를 부르리라"

이것은 베릭스의 교만이요 착각입니다. 혹 나는 나의 시간을 활용할수 있을지 모르나 상대방의 시간까지 내가 좌시우시할 수는 없기 때문입니다.

3. 어떻게 할 때 기회가 오는가?

(1) '우선순위'를 바로 알아야

27절에 "베릭스가 유대인의 마음을 얻고자 하여 바울을 구류하여 두니라"고 했습니다. 불행하게도 베릭스는 유대인의 마음을 얻는 것이 더 중요하다고 생각했습니다. 그에게는 일의 우선순위가 잘못된 것입니다. 그에게 가장 급하고 중요한 일은 복음을 듣는 것이 아니었습니다.

(2) '하나님의 뜻이 무엇인가를 찾아야'

정치인인 베릭스는 대중들의 마음을 염두에 두었지만 바울이 전하는 생명과 복음에 대해서는 아무런 관심이 없었습니다.

(3) 영안이 열려 있어야

'영안이 열려 있어야' 기회를 활용할 수 있습니다. 영안은 중생하여 기도하는 사람들에게 열려 있으며 하나님의 말씀을 상고하고 묵상하는 사람들에게 열려 있습니다.

(4) 믿음 없이 하는 것은 죄

믿음으로 하지 않는 모든 것이 다 죄이기 때문에 항상 믿음으로 해야 옵니다.

믿음으로 기다리고, 믿음으로 결정하고, 믿음으로 행하고, 믿음으로 결과를 받아들여야 합니다.

꼭 필요한 일꾼

(마26:20-25)

교회에는 많은 일꾼들이 있습니다. 그런데 일꾼들 중에는 불행하게도 가룟 유다처럼 차라리 나지 아니하였더라면 좋을 뻔한 일꾼도 있습니다.

1. 가룟 유다는 어떤 사람인가?

(1) 열심당 출신

열심이 있는 사람(열심당 출신, 남쪽에서 올라간 유일한 일꾼)

(2) 지식인

지식이 있는 지성인(재정을 담당하여 그것을 경영, 마리아가 향유를 허비하였을 때에 그것을 금방 계산하였음)

(3) 호평 받는 인물

평판이 좋은 사람(아무나 재정을 안 맡긴다).

과연 우리가운데 누가 가룟 유다만큼 열심이 있고 지식과 평판이 있습니까? 별로 많지 않습니다.

그러나 문제는 그는 돈을 좋아했고, 주님께 간접적으로 책망("저를 가만두어라. 나의 장사할 날을 위하여 이를 두게 하라. 가난한 자들은 항상 너희와 함께 있거니와 나는 항상 있지 아니하리라." 요 12:7-8)한 것에 대한 반말, 그가 기대했던 지상의 메시야 왕국의 소망이 사라짐으로 인해서 결국 주님을 배신한 사람이 되고 말았습니다.

2. 사람이라고 다 사람인가?

사람이면 다 사람인가? 사람이라야 사람이지. 일꾼이면 다 일꾼인가? 일꾼이라야 일꾼이지.

참 일꾼은 누구인가? 디모데후서 2장에 보면 세 가지로 비유하고 있습니다.

(1) 군사

군사(나와 함께 고난을 받을지니. 자기 생활에 얽매이는 자가 하나도 없나니. 모집한 자를 기쁘게 하려 함이라).

(2) 경기자

경기하는 자(법대로 경기).

(3) 수고한 농부

농부(수고하는 농부가 곡식을 먼저 받는 것이 마땅하니라).

따라서 주님을 먼저 기쁘게 해야 합니다. 그것은 주님께 영광을 돌리는 사람입니다. 주님과 동행하는 사람입니다. 지상에서는 목사님이 교회의 성장을 위해서, 주의 일을 위해서 일꾼을 뽑았습니다. 그러므로 목회자의 목회에 참여하는 사람이 되어야 합니다.

목회자가 좋아하는 일꾼은 4종류입니다.

(1) 공적 일꾼

모든 공적 모임에 열심히 출석하는 일꾼입니다.

(2) 목회자를 돕는 일꾼

목회자의 눈물과 수고를 이해하고 협력하는 일꾼입니다.

(3) 목회자 위해 기도하는 일꾼

목회자를 위해서 항상 기도하는 일꾼입니다.

(4) 감사를 표하는 일꾼

말(전화)과 편지와 선물과 물질로써 감사를 표시할 줄 아는 일꾼입니다.

3. 하나님이 세우신 일꾼

끝으로 왜 하나님이 우리를 일꾼으로 세우셨는가를 잊지 않고, 충성하는 일꾼이 되어야 하나님이 기뻐하십니다(엡4:11-12).

(1) 온전한 일꾼

성도들을 온전케 하기 위해서 우리들을 일꾼으로 세우셨습니다.

(2) 봉사하는 일꾼

봉사의 일, 즉 주님의 손으로 쓰기 위해서 우리들을 일꾼으로 세우셨습니다.

(3) 그리스도와 교회를 세우는 일꾼

그리스도의 몸을 세우기 위해서, 교회를 세우기 우해서 일꾼으로 삼으셨습니다.

제직이라고 다 제직이 아닙니다. 제직의 사명을 감당하는 자가 참 제직입니다. 제직들은 명심해야 할 사명입니다.

끝까지 견고히 잡으면?

(히3:14-19)

1. 언제? 우리는 견고히 잡아야 하는가?

"시작할 때에"라고 했습니다. 시작이 중요합니다. 공부할 때도, 사업을 할 때도, 가정에서도, 남녀의 관계에서도, 신앙생활에서도, 모든 일에 시작을 잘해야 합니다. 성경에는 그 시작을 항상, 하나님과 그의 나라에 두고 있는 것을 볼 수 있습니다.

"너희는 먼저 그의 나라와 그의 의를 구하라. 그리하면 이 모든 것을 너희에게 더하시리라."

오늘의 말씀은 시작할 때에 그리스도와 함께 시작하지 않으면 함께 참예한 자가 되지 않는다는 경고이기도 합니다. 지금까지 우리가 해온 실패의 원인을 말씀하기도 합니다.

2. 무엇을? 굳게 잡아야 하는가?

확실한 것을 잡으라고 했습니다. 이 세상은 불확실한 세상입니다. 우리가 사는 시대도 불확실성의 시대입니다. 그러나 세월이 흘러가도 세상이 바뀌어도 바뀌지 않는 것이 있습니다. 바로 하나님이십니다. 히 1:12절에 "주는 여전하여 연대가 다함이 없으리라"고 했습니다. 또 주님은 변함이 없습니다. 히 13:8절에 "어제나 오늘이나 동일하시니라"고 했습니다. 또 우리에게 주신 성경도 시대의 변함에 관계없이 변함이 없습니다. 마 5:18절에 "진실로 너희에게 이르노니 천지가 없어지기 전에는 율법의 일점일획이라도 반드시 없어지지 아니하고 다 이루리라"고 했습니다. 그러므로 이 확실한 것을 우리는 굳게 잡아야 합니다. 그런데 우리는 변하지 않는 것에는 흥미가 없고 변하는 것을 받으려고 애씁니다. 바로 이것이 우리의 실패의 원인입니다.

3. 어떻게? 굳게 잡아야 하는가?

(1) 믿으면 됨

믿는다는 말의 뜻은 꼭 잡는다, 굳게 잡는다는 뜻입니다. 그러므로 하나님을 믿고, 주님을 구주로 믿으면 우리는 굳게 잡게 되는 것입니다.

(2) 주님을 나의 삶의 표준으로 삼는다는 것임

옳고 그름을 결정할 때 바로 그 나라와 그 의에 두고, 하나님과 말씀에 두면 틀림없습니다.

(3) 주님을 내 인생의 목적으로 삼는다는 뜻

우리의 하는 모든 일은 다 목적을 이루기 위해서입니다.

4. 잡는 자에게 주시는 특권

시작할 때 확실한 것을 굳게 잡는 자에게 주시는 특권은 무엇인가요? "그리스도와 함께 참예하는 자가 되리라." 이 얼마나 놀라운 결과입니까? 그리스도와 함께 참예한다는 말은 바로 승리의 보증수표입니다. 축복의 보증수표입니다. 이것은 마치 결혼하면 남편의 모든 것을 아내와 함께 나누는 것과 같은 원리입니다.

(1) 그의 의가 우리의 의가 됨

그리스도가 나의 돕는 자가 되어 그의 의가 우리의 의가 된다는 뜻입니다.

우리의 의로는 하나님 앞에 설 수가 없습니다. 오직 주님의 의를 통해서 우리는 하나님 앞에 떳떳이 설 수가 있습니다.

(2) 그리스도의 공로가 우리의 공로가 됨

우리가 승리자가 되는 것은 바로 주님의 십자가 공로 때문입니다.

(3) 우리와 함께 하심

그리스도가 우리의 친구가 되어 항상 우리의 가는 길에 함께 계시고 하는 일마다 동참하신 다는 뜻입니다.

나그네와 행인 같은 너희

(벧전 2:11-12)

얼굴의 눈은 밖으로만 있기 때문에 내 안을 본다는 것은 참 어렵습니다. 그래서 남의 눈에 있는 티는 보이는데 내 눈 속에 있는 들보는 보이지 않습니다. 남의 약점은 작은 것도 다 보이는데 자신의 약점은 큰 것도 안 보입니다. 그러므로 우리는 자신을 알아야 합니다. 왜 그렇습니까?

1. 자신의 정체성을 먼저 알아야

인간은 누구나 자신의 정체성을 먼저 알아야 사람 구실합니다. 성경은 영혼의 거울입니다. 우리 자신의 얼굴을 환하게 보여줍니다. 성경은 무엇이라고 말합니까? 성경은 "나그네와 행인 같은 너희"라고 정의합니다. 사실은 나그네와 거류민은 같은 뜻입니다. LA에도 여행자로 이곳을 지나는 사람들이 많습니다. 이들은 영주권도 없고 더구나 시민권은 더욱 없습니다. 잠깐 구경이나 하다가 갈 사람들입니다. 구경이 좋아도 여기서 영원히 살 것이 아닙니다. 아무리 아름다워도 이곳에서 영원히 머물 곳이 아닙니다. 지금 우리의 신분이 그렇습니다. 세상이 좋다고 해도 잠깐 왔다가 가는 나그네요 행인입니다.

이 신분을 모르기 때문에 많은 사람들이 물욕에 빠져 있습니다. 그러나 우리는 하늘의 시민권을 가진 사람들입니다. 이 세상은 잠깐 왔다가

가는 나그네요 행인입니다. 믿습니까? 믿으셔야 합니다. 그래야 우리가
어떻게 살아야 하는가가 결정됩니다.

2. 나그네된 우리는 어떻게 해야 하나?

그러면 나그네인 우리는 어떻게 해야 합니까? 어떻게 살아야 합니
까?

(1) 육체의 정욕을 제어해야

가장 중요한 것은 육체의 정욕을 제어해야(멀리해야) 합니다. 육체의
정욕은 우리의 영혼을 거슬러 싸우기 때문입니다. 무엇이 육체의 정욕
입니까? 요일 2장 16절에 보면 '육신의 정욕과 안목의 정욕과 이생의
자랑'이라고 했습니다.

이 정욕의 근본은 사탄 마귀요, 육체요, 세상입니다. 이 정욕은 항상
육신의 일을 도모합니다. 우리를 유혹합니다. 미혹에 빠지게 합니다. 중
요한 것은 네 가지의 결과입니다.

첫째는 하나님께 버림을 받습니다(롬1:21-31).

둘째는 우리들로 하여금 범죄케 합니다(롬7:7-8).

셋째로 색욕에 빠지게 합니다(살전4:5).

넷째로 하나님 나라를 유업으로 받지 못합니다(고전6:9).

그러므로 우리는 육체의 정욕을 제어하고 멀리해야 합니다.

(2) 행실을 선하게 가져야

다음은 "이방인 중에서 행실을 선하게 가져야" 합니다.

이들은 우리들이 악행을 한다고 말합니다. 그중에 일부는 사실입니
다. 우리의 연약함으로 우리는 악을 행할 때가 없지 않습니다. 또 아직
도 옛사람의 버릇이 남아 있어서 악을 행할 때도 있습니다.

그러나 많은 부분은 소문이고 비방입니다. 그래서 지금 전도의 문이

막히고 있습니다. 그러나 이 비방을 말로 막을 수는 없습니다. 그것은 오직 행동으로만 증명이 됩니다.

그러므로 이들, 비방하는 자들로 하여금 "너희 선한 일을 보고", 왜냐하면 말로 되지 않고, 변명으로 되지 않습니다. 오직 행동으로만 증명이 되기 때문입니다.

끝으로 중요한 것은 "권고하시는(하나님께서 찾아오시는) 날에 하나님께 영광을 돌리게 하려 함이라." 우리가 악을 행하지 말아야 할 이유는 주님의 재림의 날, 하나님께서 찾아오시는 날, 우리가 죽는 날에 하나님께 영광을 돌리게 하기 위해서입니다. 바라기는 오늘의 말씀은 우리들의 정체성을 확인하고, 하나님 앞에서 면류관을 받게 하는 동기가 되고, 축복이 되기를 축원합니다.

나는 어떤 존재인가?

(아6:4-14)

사람이란 자기의 정체성을 아는 데서 모든 것이 시작됩니다. 거기서 자신에 대한 평가가 나옵니다. 과대평가하면 교만해지고 과소평가하면 낙심하게 됩니다.

사람은 누구나 인격적인 대접을 받기를 원하고 있습니다. 그러면 도대체 나는 누구입니까?

우리는 자신의 정체성을 바로 알아야 합니다. 본문에는 우리는 왕이신 주님의 소유된 자요, 존귀한 존재요 그의 자랑스러운 존재입니다. 그러므로 자긍심을 가지고 살아야 합니다. 아무렇게나 살 수 없는 존재입니다.

1. 우리는 '주님의 소유된 자'(4, 9절).

4절에 '내 사랑아'라고 했고, 9절에 '나의 비둘기, 나의 완전한 자'라고 했습니다. 주목할 말은 '나의, 내'라는 소유대명사입니다. 우리를 주님의 소유된 자로 표현하고 있습니다. 얼마나 놀라운 사실입니까?

사람은 누구에게 속하느냐에 따라 그 신분이 달라집니다. 결혼하기 전에는 아버지에 따라 신분이 다릅니다. 어느 분의 딸이라고 부릅니다. 그러나 결혼 후에는 남편의 신분에 따라 변합니다. 아무리 못나도 남편이 대통령이면 영부인이 됩니다. 그러나 남편이 거지면 거지 아내로 불리는 것입니다. 노동자인 평범한 술람미가 솔로몬의 사랑의 대상이 되었습니다. 그의 비둘기이고, 그의 완전한 자입니다.

2. 우리는 주님에게 존귀한 존재

9절에서 솔로몬이 술람미 여인을 '완전한 자'라고 불렀습니다. 또 얼마나 존귀한 자인가 하면 "그는 그 어미의 외딸이요, 그 낳은 자의 '귀중히 여기는 자'로구나"라고 했습니다. 이보다 존귀한 자가 어디 있겠습니까?

술람미는 아주 평범한 노동자 출신의 여자였습니다. 당시 솔로몬은 외국 공주와 문벌이 좋고 미모를 갖춘 수많은 비빈들과 살았지만 이 평범하고, 얼굴도 검은 술람미 여인을 비교 할 수 없는 존귀한 존재로 보았습니다. 마찬가지로 주님도 저와 여러분을 세상의 어느 누구보다도 존귀한 자로 보고 있습니다.

그러므로 우리는 자신을 과대평가해서도 안 되지만 그렇다고 과소평가해서도 안 됩니다. 주님이 우리를 어떻게 보느냐가 중요합니다. 우리들을 존귀한 자라고 했는데 왜 우리들은 자신을 과소평가를 하십니까? 그러므로 우리는 존귀한 자처럼 살아야 하고, 존귀한 자처럼 생각해야 합니다.

3. 우리는 주님의 자랑스러운 존재(14절).

신랑은 신부를 다른 사람들에게 자랑하고 싶어 합니다. 본문에는 솔로몬은 술람미 여인을 크게 자랑하고 있습니다. 마찬가지로 주님도 우리들을 자랑하고 있습니다. 14절에 보면 솔로몬이 볼 때에 술람미 여인의 춤 솜씨가 이만저만이 아니었습니다. 특별히 마하나임 지방의 춤, 일종의 원무인데 그것을 잘 추었습니다. 원무란 여럿이서 둘러서서 돌면서 추는 춤입니다. 솔로몬은 그것을 은근히 자랑하고 싶었던 것입니다. "너희가 어찌하여 마하나임에서 춤추는 것을 보는 것처럼 술람미 여자를 보려느냐"고 간접적으로 자랑하고 있습니다.

주님은 저와 여러분들을 자랑하고 있습니다. 그러므로 우리는 주님의 자랑감에서 모자라지 않도록 조심해야 합니다. 주님이 실망하지 않도록 해야겠습니다.

나는 여호와라

(출6:1-9)

1. 여호와란 어떤 의미인가?

'나는 여호와라'는 이 말씀은 어떤 의미를 가지고 있는지 알아보겠습니다.

(1) 하나님이 어떤 분이신가를 말씀한 것

여호와란 말은 히브리어의 야웨란 말에서 온 것입니다. 스스로 있는 분이란 뜻입니다.

(2) 하나님과 우리와의 관계를 말씀한 것

하나님은 우리를 창조하신 분이십니다. 이 말은 우리의 삶의 주인이시고, 목적이시고, 통치자이시고, 심판자라는 뜻입니다.

(3) 하나님은 우리와의 약속을 반드시 지키심

하나님의 우리에게 주시는 약속을 반드시 지킨다는 말씀입니다. 본래 야웨란 말의 뜻은 두 가지인데 하나는 선민과 더불어 언약을 맺으시고, 반드시 성취한다는 뜻입니다. 4절에 보면 "언약하였더니"라고 했습니다. 또 1절에는 "강한 손을 더하므로."라고 하였습니다.

(4) 하나님의 뜻을 말씀한 것

즉 하나님만이 우리의 표준이시고, 찬송과 영광과 존귀를 받으시기에 합당하신 분이시란 말씀입니다.

2. 여호와 하나님을 모신 우리의 자세

여호와를 하나님으로 모신 우리는 어떻게 하는 것이 옳습니까?

(1) 여호와를 경외하는 마음을 가져야

사람들은 권력을 두려워하고, 강한 사람을 두려워하면서도 정말 두려워해야 할 하나님은 두려워하지 않습니다. 이것이 문제입니다.

(2) 하나님께 절대적인 믿음을 가져야

여호와 하나님께 절대적인 믿음을 가져야 합니다. 하나님은 약속하신 것은 반드시 이루십니다. 거짓말을 하지 않습니다. 그래서 성경에는 미쁘신 하나님이라고 하였습니다.

(3) 여호와께 절대 순종해야

믿음의 결론은 순종에 있습니다. 성경에 듣는다는 말과 순종한다는 말은 같은 단어입니다.

(4) 절대적인 소망을 가져야

여호와께 대한 절대적인 소망을 가져야 합니다. 소망이란 거미줄처럼 엮는다는 뜻입니다. 거미줄은 약하지만 소망으로 엮을 때는 강한 힘을 발휘합니다.

사실 이 땅은 어디를 보아도 소망이 없습니다. 우리의 반석이 되시고 능력이 되신 하나님만이 우리의 소망이 되는 것입니다. 그러므로 나는 여호와라는 말씀을 기억하시기 바랍니다. 하나님만을 소망하시기 바랍니다.

나를 중생하게 한 말씀

(롬14:7-8)

사람마다 은혜를 받는 구절이 다 다릅니다. 마치 우리가 음식을 사람마다 좋아하는 것이 서로 다르듯이 은혜 받는 구절도 다 다릅니다. 또한 개인도 좋아하는 구절이 환경과 나이에 따라 자꾸 변합니다. 처음 예수 믿었을 때에는 구원에 관한 말씀이 은혜가 되지만 나이가 많아지면 소망에 관한 구절이 더 은혜가 됩니다. 오늘 이 구절은 저를 거듭나게 한 구절입니다.

제가 고등학교 1학년 때에 김선운 목사님께서 부흥회 마지막 날 주신 말씀입니다. 그 날 저는 이 구절에서 전기의 충격을 받은 것처럼 충격을 받았습니다. 왜냐하면 그때까지 제가 가졌던 인생관이란 아주 간단한 것이었습니다. 돈 많이 벌어서 잘살면 된다는 것이었습니다. 사실 지금도 우리 주변에는 제가 가졌던 그런 인생관을 가지신 분들이 적지 않을 것입니다. 그러나 이 말씀을 듣는 순간 저는 몇 가지 면에서 충격을 받았습니다.

7절이 저에게 충격을 주었습니다.

"우리 중에 누구든지 자기를 위하여 사는 자가 없고 자기를 위하여 죽는 자도 없도다."

여기서 제가 충격을 받은 것은 '자기를 위하여'란 단어였습니다. 다음에 8절에도 마찬가지입니다.

"우리가 살아도 주를 위하여 살고, 죽어도 주를 위하여 죽나니 그러므로 사나 죽으나 우리가 주의 것이로다."

여기서 중요한 단어는 '주를 위하여'란 말이 두 번 반복해서 나옵니다. 결국 이 세상에는 두 가지 종류의 사람들이 있다는 말입니다. '자기를 위하여' 살고, 죽는 사람이 있고, 다음에는 '주를 위하여' 살고 죽는 사람이 있다는 말씀입니다.

다음은 자기를 위하여 사는 사람은 결국 죽는 사람이고, 주를 위하여 죽는 사람은 결국 사는 사람이란 사실을 깨닫게 된 것입니다. 그렇다면 나는 어떤 인생을 살아왔는가? 나는 지금까지 자기를 위하여 살아오지 않았는가? 나를 위해서 공부하고, 나를 위해서 돈 벌고, 나를 위해서 예수를 믿고, 모든 것을 나 중심의 삶을 살아온 것을 저는 회개하게 된 것입니다. 그렇다면 나는 죽어가고 있는 사람이었다는 것을 깨달은 것입니다.

그렇다면 이제 나는 어떻게 살아야 하는가? 오직 주를 위하여 살아야 합니다. 아니 주를 위하여 죽어야 합니다. 그것이 주를 위한 삶입니다. 라고 결론을 내리게 되자 철학이 무엇인지도 모르는 나에게는 흘러내리는 눈물과 함께 회개를 하게 되었습니다. 그때 몇 가지 결심이 생겼습니다.

첫째는 예수님을 나의 구주로 영접하였고, 둘째는 앞으로 나는 신학을 공부하여 목사가 된다는 것이었습니다. 그러나 나는 교만하여 한 가지 기도를 첨가하였습니다. 주여 그러나 나는 다른 목사들처럼 무식한 목사가 되지 않고, 철학박사 학위를 받는 목사가 되겠습니다. 라는.

얼마나 교만한 기도입니까? 그러나 세월이 지난 다음 생각해 보면 하나님은 이 교만한 기도에 응답하여 제게 철학박사 학위를 받을 때까지 공부하게 하였습니다.

저는 이 저녁에 여러분들과 함께 이 구절, 로마서 14장 7-8절을 통해서 바울의 인생철학을 함께 본받을 수 있기를 바랍니다. 저 같은 인생을 이 구절을 통해서 구원해 주셨고, 목회자가 되게 하신 그 구절을 통하여 여러분들의 삶에도 새로운 변화가 일어날 수 있기를 축원합니다.

지금 나는 자기를 위하여 살고 있습니까? 아니면 주를 위하여 살고 있습니까? 지금 나는 살고 있습니까? 죽고 있습니까? 참으로 사는 삶이 무엇입니까? 주를 위하여 죽는 삶은 사는 것이고, 자기를 위하여 사는 삶은 사실은 죽는 것을 깨닫기 바랍니다. 다 같이 따라 합시다.

"그러므로 사나 죽으나 우리가 주의 것이로다."

믿습니까? 할렐루야!

"사나 죽으나 주의 것이로다"라는 고백을 가진 사람이 될 때 우리에게는 삶의 목표가 뚜렷해지고, 날마다 죽는 삶이 아니라 사는 삶을 살게 될 것입니다.

오늘 본문을 통해서 배울 교훈은 무엇입니까?

(1) 내 욕망 내 뜻대로 살지 않아야

자신의 욕망이나 뜻대로 살지 말아야 합니다. 왜냐하면 나는 내 것이 아니기 때문입니다.

(2) 죽든 살든 나는 주의 것임을 알아야

"그러므로 사나 죽으나 우리는 주의 것이로다"는 말씀처럼 우리는 다 주님의 죽으심으로 이제 주님의 소유가 되었기 때문에 그에게 헌신된 삶을 살아야 합니다.

(3) 주님의 손에 들리어 사용되어야

우리가 주님의 손에 들리어 사용되면 하나님의 뜻을 이루는 놀라운 삶을 살게 됩니다. 그러므로 우리는 오늘 이 시간에 우리의 삶의 방향이 무엇인지, 무엇을 위해서 살아야 하는지를 재조명해 보고, 후회 없는 삶이 되기를 축원합니다.

나의 달려갈 길

(행20:17-27)

1. 주님을 섬길 때 바울의 자세

(1) 매사에 겸손

19절에 "모든 겸손과"라고 했습니다. 바울은 겸손으로 주님을 섬겼다는 말입니다. 사실 섬기는 자의 첫 번째 자세는 겸손이어야 합니다. 참 겸손은 하나님의 주 되심과 왕 되심을 인정하는 것입니다. 그리고 하나님께서 주시지 않으면 아무 것도 받을 수 없다는 것을 인정하고 그에게 매달려 기도하는 것이 겸손입니다.

(2) 눈물로 비침

19절에 "눈물이며"라고 했습니다.

첫째는 기도의 눈물입니다

둘째는 사랑의 눈물입니다.

영혼들을 볼 때 그냥 볼 수 없는 눈물이 바울에게는 있었습니다.

셋째는 수고의 눈물입니다.

일꾼이 수고를 할 때 흘리는 눈물이 많습니다. 힘이 들어 울고, 시험 중에 승리해서 감사해서 울고, 그래서 울면서 시작하여 울면서 마치는 것이 목회인 것 같습니다.

넷째는 보람의 눈물입니다.

가장 좋은 눈물입니다.

(3) 시험을 이김

19절에 "시험을 참고"라고 했습니다. 시험은 모든 사람에게 다 있습니다. 그러나 우리가 알아야 할 것은 시험이 올 때에 참고 견디어야 한다는 것입니다. 고전 10:13절에 "사람이 감당할 시험밖에는 너희에게 당한 것이 없나니 오직 하나님은 미쁘사 너희가 감당치 못할 시험 당함을 허락지 아니하시고, 시험 당할 즈음에 또한 피할 길을 내사 너희로 능히 감당하게 하시느니라"고 하였습니다.

(4) 주님을 섬김

19절에 "주를 섬긴 것과"라고 했습니다. 바울은 가는 곳마다 섬겼습니다. 바울의 일생은 주님을 섬긴 섬김의 역사입니다.

(5) 과감한 복음전파

바울은 복음을 전하는데 거리낌이 없었습니다. 20절에 "거리낌이 없이 너희에게 전하여 가르치고"라고 했습니다. 그는 유대인에게도, 로마인에게도 그리고 우상 숭배자에게도 거리낌이 없었습니다. 고전 9:22절에 "여러 사람에게 내가 여러 모양이 된 것은 아무쪼록 몇몇 사람들을 구원코자 함이"라고 했습니다.

(6) 고난을 기꺼이 받는 자세

22절에서 고난을 기꺼이 받으려는 자세를 볼 수 있습니다.

"보라 이제 나는 심령에 매임을 받아 예루살렘으로 가는데 거기서 무슨 일을 만날는지 알지 못하노라"고 했습니다. 그리고 24절에서는 "나의 달려갈 길과 주 예수께 받은 사명 곧 하나님의 은혜의 복음을 증거하는 일을 마치려 함에는 나의 생명을 조금도 귀한 것으로 여기지 아니하노라"라고 했습니다.

2. 달려갈 길을 달리기 위해서는?

나의 달려갈 길을 다 달리기 위해서 우리가 해야 할 것은?

(1) 사명을 귀히 여겨야

주님께 받은 사명을 귀하게 여겨야 합니다(24절).

(2) 생명을 주께 바침

우리의 생명을 주님께 바쳐야 합니다(24절).

한문의 생명이란 말의 뜻은 '생은 명령이다'라는 말입니다. 사실 우리 중에 누구라도 태어나고 싶어서 태어나고, 살고 싶어서 사는 사람이 없습니다. 사는 것은 하나님의 명령이기에 사는 것입니다. 따라서 우리의 생명은 주인이신 하나님께 다 바쳐야 합니다. 그것이 하나님이 원하시는 대로 사는 삶입니다.

(3) 사람의 피에 대하여 깨끗해야

에스겔서 3:18-19절의 배경에서 이해하여야 합니다. 하나님은 파수꾼에게 사람들을 깨우칠 것을 말씀하셨습니다. 그런데 만약에 전하지 않으면 파수꾼에게 그 책임을 묻는다는 것입니다. 파수꾼이 전하지 않아서 깨우치지 못한 사람들의 피 값은 파수꾼이 책임져야 하는 것입니다. 그러므로 반드시 전해서 사람들의 피에 대하여 깨끗해야 합니다.

(4) 무거운 짐을 벗어버리고

히 12:1-2절에 중요한 비결을 말씀하고 있습니다.

"모든 무거운 것과 얽매이기 쉬운 죄를 벗어 버리고"라고 했습니다. 경주하는 사람이 무거운 짐을 지고 뛸 수는 없습니다. 몸을 가볍게 해야 합니다. 그러므로 신앙생활을 하는데 방해가 되는 것과는 멀리해야 합니다.

나의 백성은 깨닫지 못하는도다

(사1:2-9)

이사야란 말은 '여호와는 구원이시다'라는 뜻입니다. 예수, 여호수아와 같은 뜻입니다. 이사야 선지자는 주전 8세기에 태어나서 다섯 왕(웃시야, 요담, 아하스, 히스기야, 므낫세) 때에 활동했던 선지자입니다. 그러다가 므낫세 왕 때에 톱으로 몸이 둘로 잘려 순교를 한 선지자입니다.

1. 이스라엘은 하나님의 백성임을 알라

먼저 이스라엘은 하나님의 백성임을 알라는 것입니다. 다음은 그러므로 자발적으로 하나님께 순종하라는 것입니다.

(1) 하나님이 지명한 자녀

우리가 하나님께 순종해야 하는 근거로는 하나님의 자녀이기 때문입니다. 내가 너를 지명하여 불렀나니 너는 내 것이라. "여호와께서 말씀하시기를 내가 자식을 양육하였거늘." 눈동자같이 양육하여 주셨습니다. 창조하셨다는 점에서, 사서 구원하여 주셨다는 점에서 우리는 하나님의 자녀입니다. 그러므로 이스라엘은 하나님을 사랑하고 섬기고 감사해야 마땅합니다.

(2) 이스라엘을 큰 나라로 만드심

하나님께서 이스라엘을 큰 나라로 만드셨기 때문입니다.

창 12:2절, "내가 너로 큰 민족을 이루고."

(3) 여러 나라 중에서 뛰어나게 하심

하나님께서 이스라엘을 세계 여러 나라 중에서 뛰어나게 하셨기 때문입니다. 창 12:2절, "네 이름을 창대케 하리라."하시고 "너는 복의 근원이 될지라"고 하셨습니다.

그러나 이스라엘은 하나님을 반역하였고 범죄하였습니다. 지금도 타락한 인간의 본성은 하나님을 반역하고 있습니다.

어떤 백성이 되었습니까?

(1) 주인을 알지 못하는 백성(3절).

사 1:3절 "소는 그 임자를 알고 나귀는 주인의 구유를 알건마는 이스라엘은 알지 못하고, 나의 백성은 깨닫지 못하는도다." 여기서 안다는 말은 단순한 지식을 말하는 것이 아닙니다. 체험적으로 모른다는 뜻입니다. 과연 우리는 알고 있습니까? 혹시 지식적으로만 알고 있는 것은 아닌지 성찰해 보아야 합니다.

(2) 범죄한 나라(4절).

빗나간다는 뜻입니다. 새 번역에서는 탈선하였다고 번역하고 있습니다. 다른 말로 말하면 '철이 없다'는 뜻입니다. 물질만능주의, 우상숭배, 탐욕, 뇌물, 적당주의, 하면 된다는 철학입니다.

(3) 허물진 백성(4절).

불의로 가득 찼다는 뜻입니다.

(4) 행악의 종자(4절).

여기서 종자란 말은 자녀를 뜻하는 말입니다. 본래 하나님은 이스라엘을 '거룩한 씨'가 되도록 기대하였지만 정반대로 악을 행하는 자녀가 된 것입니다.

(5) 행위가 부패한 자식(4절).

악하고 추한 냄새가 난다는 뜻입니다.

이스라엘의 역사는 은혜-반역-심판-구원으로 순환되고 있습니다.

2. 그들은 범죄하고, 깨닫지 못함

하나님은 5절의 말씀대로 안타까워하십니다. 그래서 왜 매를 더 맞으려고 하느냐 하시면서 그의 사랑을 일깨워주십니다. 그러므로 우리들은 감추어진 하나님의 사랑을 보아야 합니다.

(1) 사랑의 질책

하나님의 꾸짖음 속에 하나님의 사랑이 있습니다(2절).

(2) 사랑의 매

매를 치시는 손길 가운데 하나님의 사랑이 있습니다(7절).

(3) 여유를 주심

남겨두시는 은총 속에 하나님의 사랑이 있습니다(9절).

3. 악인들의 특징

오늘도 여전히 죄의 길을 걷는 많은 사람들의 특징(4절)이 있습니다.

(1) 하나님을 버림

하나님을 버리는 일로 시작합니다. 버린다는 말은 떠난다는 뜻입니다.

(2) 하나님께 등 돌림

하나님으로부터 등을 돌리게 됩니다. 분리한다는 뜻입니다.

(3) 하나님을 만홀히 여김

하나님을 만홀히 여기게 되는 것입니다. 갈 6:7절 "스스로 속이지 말라. 하나님은 만홀히 여김을 받지 아니하나니 사람이 무엇으로 심든지 그대로 거두리라"

만홀히 여긴다는 말은 호의적인 태도를 가진 분에게 의식적으로 경멸하는 태도를 보이는 것을 말합니다.

4. 우리의 살 길은?

(1) 말씀 청종

먼저 하나님의 하시는 말씀을 들어야 합니다. "하늘이여 들으라. 땅이여 귀를 기울이라." 왜? 강퍅한 사람들의 귀로는 들을 수 없기 때문에 세미하게 들릴 뿐입니다. 지금도 사람들은 하나님의 음성을 듣지 못하고 있습니다. 특별히 계속해서 대형사고가 일어나는 이유를 영적인 눈으로 보아야 합니다.

(2) 회개해야

회개해야 합니다. 회개하라, 천국이 가까웠느니라고 했습니다. 지금 우리가 회개할 것은?

(가) 잎만 무성하여 열매 없는 것

(나) 주님과 분리된 생활을 한 것

(다) 민족을 위해 금식기도 않고 의인 열 사람 역할을 감당 못한 것

(라) 구경꾼 노릇한 것

(마) 기도하기를 쉬는 죄를 범한 것

(바) 부실 봉사한 것, 부실 신자였던 것

(사) 참된 예배를 드리지 못한 것

날 계수하는 지혜

(시90:9-12)

1. 인생의 덧없음

먼저 날을 계수하는 지혜는 우리의 평생이 일순간에 다한다는 인생의 덧없음을 아는데서 시작합니다. 시편 90:4절에 보면 하나님의 시간 계수법이 나옵니다. "주의 목전에는 천년이 지나간 어제 같으며 밤의 한 경점 같을 뿐"이라고 했습니다. 이것은 영원 속에 계신 하나님께서 보실 때에는 우리 인생이란 한 점에 불과하다는 뜻입니다.

물론 우리 인생은 누구나 장수하기를 원합니다. 오래 살기를 원합니다. 그러나 인생은 일순간에 지나갑니다. 성경은 항상 인생은 무상한 것을 말하고 있습니다. 본문 5절에서는 "저희는 잠깐 자는 것 같다"고 하였고, 아침에 돋는 풀과 같다고 하였습니다.

우리의 일생은 강건해도 팔십에 불과하다는 것을 알아야 합니다. 말이 팔십이지 역사 속에서 비춰 보면 하루살이 인생에 불과합니다. 하루살이는 내일을 모릅니다.

2. 짧은 인생의 자랑은?

우리 인간은 자랑하는 것을 참 좋아합니다. 그러나 이런 인간의 자랑들은 다 헛된 것입니다.

(1) 인생의 자랑은 하나님의 분통거리

왜냐하면 우리의 자랑은 하나님의 분통거리(7절)일 뿐이기 때문입니다.

(2) 수고일 뿐

둘째는 인생의 자랑은 수고일 뿐이기 때문입니다. 태어날 때 주먹을 불끈 쥐고 시작하는 수고는 죽을 때까지 계속됩니다. 일하는 것만 수고가 아닙니다. 먹고 노는 것도 수고입니다.

(3) 인생의 자랑은 슬픔뿐

셋째는 인생의 자랑은 결과적으로 보면 슬픔 뿐입니다. 왜냐하면 젊은 시절을 지나 황혼의 나이에 접어들면 연약해진 육체로 인해 슬퍼하게 됩니다. 다음은 정신적으로도 쇠퇴하여 슬퍼집니다. 가장 큰 슬픔은 사랑하는 친구들이 자꾸만 세상을 떠나는 일입니다. 그래서 인생이란 슬픔의 밤과 같습니다.

3. 날 계수법을 배워야

그러므로 중요한 것은 날 계수하는 지혜를 배워야 합니다. 인생이 팔십이라고 가정을 해도 참으로 일할 수 있는 시간은 사십 년도 못 됩니다. 어떤 사람들은 쇠털같이 많은 날 뭘 서두느냐고 말합니다. 그러나 그것은 날을 계수할 줄 모르는 어리석은 말입니다.

날 계수함을 아는 지혜가 무엇인가?

영생을 위해서 내가 해야 할 것이 무엇인가? 죽음을 위해서 해야 할 일은 무엇인가? 심판에 대해서 준비해야 할 것은 무엇인가를 생각하고 기도하는 것이 바로 날 계수입니다.

그래서 날 계수하는 사람은

첫째 낭비해 버린 시간을 애통해 합니다.

둘째 현재의 시간을 부지런히 이용합니다.

셋째 미래의 시간을 하나님께 온전히 바칩니다.

4. 날 계수의 지혜를 가진 자

지혜란 무엇입니까? 지혜란 분별력이고, 지혜란 가장 좋은 것을 가장 좋은 방법에 의해서 추구하는 것입니다. 잠 1:7절에 "여호와를 경외하는 것이 지혜의 근본"이라고 했습니다.

(1) 날마다 기도

인간의 삶은 불확실하기 때문에 매일 먼저 주님과 개인적인 대화를 해야 합니다.

(2) 시간의 귀중함을 앎

무엇보다도 시간의 귀중함을 아는 것입니다. 광부가 금광 속에서 묻혀 있는 금의 양을 계산하고 기뻐하듯이 우리도 시간의 귀중함을 알아야 합니다. 시간의 귀중함을 아는 가장 중요한 방법은 역사를 통해서 배우는 것입니다.

(3) 하나님의 뜻에 벗어나지 않음

우리의 우선순위가 하나님의 뜻에 벗어나지 않아야 합니다. 하나님께 영광이 되지 못하고 남에게 기여하지 못하는 것은 우선순위에서 가장 낮은 것임을 알아야 합니다.

(4) 과욕을 금함

잠시 후면 다 놓고 가니 욕심을 부리지 말아야 합니다.

무엇을 놓고 갑니까?

사랑하는 아내도, 자식도 놓고 가고, 재산도 직장도 지위도 놓고 심지어는 자기의 몸도 이름도 놓고 갑니다.

삶에서 승리하는 비결

(2)(약4:7-8)

1. 하나님께 순복함

어떻게 순복합니까? 하나님께 순복하는 사람은 마귀를 대적합니다. 놀라운 것은 우리가 시험을 당할 때에 피할 곳이 있고, 대적할 것이 있습니다.

'성적 시험을 피하는 것'이 최고의 방법입니다. 그래서 구약 창세기에 보면 요셉은 보디발의 아내가 유혹할 때에 피했습니다. 여기서 대항해서는 아무도 승리할 수 없기 때문입니다.

그런데 다윗은 피하지 않다가 결국 음란에 빠지게 되었습니다. '세속적인 시험은 기도하는 것' 외에 다른 길이 없습니다.

그러나 마귀와의 싸움은 타협에서 오기 때문에 '정면으로 대적'해야 합니다. 사탄은 예수님을 시험할 때에 네가 내게 절을 하면 내가 세상의 모든 영광을 다 주겠다고 했습니다.

십자가보다 쉬운 방법이고, 손쉽게 영광을 취할 수 있는 방법입니다. 이런 경우 우리는 타협하기가 쉽습니다. 그래서 우리는 '마귀와는 타협하면 안 됩니다' 결국 다 쓰러지고 맙니다. 우리가 할 것은 마귀와 대적하는 것입니다.

그러면 어떻게 대적합니까?

사탄아 물러가라고 명령해야 합니다. 사탄이 무서워하는 것이 '기도'이기 때문에 기도에 전혀 힘써야 합니다. 또 '말씀의 검, 성령의 검'을 무서워하기 때문에 말씀으로 물리쳐야 합니다.

그런데 놀라운 것은 우리가 마귀를 대적할 때에 마귀는 우리를 피한다고 했습니다. 마귀는 믿음으로 대항하는 사람과 싸우는 것을 싫어합니다. 마귀가 원하는 것은 타협입니다. 그러므로 우리는 기도와 말씀으로 마귀를 대적해야 합니다.

2. 하나님을 가까이함

우리 인생은 무엇을 가까이 하느냐에 따라 모든 것이 변합니다. 하나님을 가까이 하면 하나님도 우리를 가까이할 것입니다.

그러면 어떻게 하나님을 가까이할 수 있습니까?

물론 성경을 연구하고 기도하는 것도 중요합니다. 예배를 통해서 하나님을 가까이할 수 있습니다.

그러나 오늘 본문에서는 "손을 깨끗이 하라"고 했습니다. 손을 깨끗이 한다는 것은 부정적으로 말하면 손으로 죄를 짓지 말라는 것입니다. 그러나 긍정적으로, 적극적으로 말씀드리면 손으로 하나님의 일을 많이 하라는 뜻입니다.

그러므로 선한 일을 많이 하는 사람이 하나님을 가까이할 수 있습니다. 이 손은 다음에 나오는 마음과 직접 연결이 됩니다.

"마음을 성결케 하라."

이것이 바로 두 마음을 품지 않는다는 뜻입니다. 두 마음이란 이 세상이냐 주님이냐 하고 갈등하며 갈팡질팡하는 마음을 말합니다. 우리는 두 주인을 섬길 수 없습니다. 따라서 오직 주님만을 섬겨야 합니다. 그러면 손은 자연히 깨끗하게 됩니다. 손은 마음의 종일뿐 주인이 아닙니다. 마음이 명령하는 대로 갑니다.

이것이 하나님을 가까이 하는 삶입니다. 하나님과 가까이하면 사탄은 물러갑니다. 우리는 다 그리스도의 신부이기 때문에 항상 믿음의 정조를 지켜야 합니다.

남편 된 하나님을 가까이해야 합니다. 이것은 마치 아내가 남편과 가까이 안 하고 멀리하면 다른 남자들이 와서 유혹하는 것과 같습니다. 그러므로 항상 하나님과 가까이 해야 합니다.

내가 세상을 이기었노라

(요16:31-33)

1. 세상에서의 환난(33절)

세상 사람들은 환난을 원치 않습니다. 그러나 때로는 환난도 유익할 때가 있습니다. 불신자들이 당하는 환난은 재난이요, 고통이요 심판이지만 성도들이 당하는 환난은 전화위복을 위한 하나님의 채찍이고 보다 큰 축복을 받기 위한 기회인 것입니다.

2. 환난의 목적

왜 환난이 우리에게 옵니까?

(1) 환난에 대한 일반적 의식

일반적으로 사람들은 환난을 무섭고 거북스러운 것으로 생각합니다.

(2) 환난에 대한 성도의 의식

그러나 성도들은 환난을 현재의 불완전한 상태에서 큰 선을 이루기 위한 하나님의 경고로 삼아야 합니다.

언제 환난이 옵니까?

성도들이 당하는 대부분의 환난은 대적이 되는 세상으로부터 오는 것입니다. 질병이나 자연적 재난이나 인재로 인한 것들이 있습니다. 그러나 한편으로는 행 14:22의 말씀대로 "우리가 하나님 나라에 들어가려면 많은 환난을 겪어야 할 것이라"고 하였습니다.

왜 성도들이 세상 사람들보다 더 많은 시련과 고난을 당해야 합니까?

이유는 그대로는 천국에 들어갈 자격이 없기 때문입니다.

(1) 훈련 같음

군인이 되려면 최소한 훈련소에 가서 훈련을 받아야 하듯이.

(2) 지도자의 훈련

더구나 장교가 되려면 육사에 들어가 4년간의 훈련을 받아야 하듯이 지도자가 되기 위해서는 꼭 필요합니다.

(3) 복지를 얻기 위함

가나안 땅에 들어가려면 광야에서 훈련을 받아야 하는 것과 같은 원리입니다.

(4) 절차탁마

돌은 끌로 두드려 다듬어야 아름다운 조각품이 되듯이 인간은 환난이라는 과정을 통과해야 인격도 다듬어지고, 신앙도 깊어집니다.

세상에서 환난을 당한다고 했는데 그러면 여기서 말하는 세상이 무엇인가요?

요 1:3절에는 우주를 뜻하는 말로, 요 3:16절에서는 인류를 뜻하는 것으로 나타나 있습니다. 그러나 여기서는 사탄에 의해 지배되는 문화나 우리 성도들에게 장애가 되는 유혹들을 뜻하는 것입니다. 요일 2:16절에 보면 "세상에 있는 모든 것이 육신의 정욕과 안목의 정욕과 이생의 자랑"이라고 하였습니다. 주님은 이런 세상을 이기신 것입니다.

3. 환난을 당할 때

(1) 믿음을 강화하기 위한 매로 받아들여야

롬 8:28절에 보면 모든 것을 합력하여 선을 이루시는 하나님이시기 때문입니다.

(2) 환난의 멍에

환난의 멍에에는 기도의 자극제가 꼭 필요합니다. 기도는 하나님이 주시는 최고의 강한 무기요 보약이요 열쇠입니다.

(3) 그리스도 안에서의 평안 누림

왜냐하면 본문에 "너희로 내 안에 평안을 누리게 하려함이라"고 하였기 때문입니다.

4. 승리의 열쇠는?

(1) 세상의 방해와 실패에 대적

이 세상에서의 방해나 실패를 두려워하지 말아야 합니다. 그래서 성경에는 두려워하지 말라는 말이 365번이나 나옵니다.

(2) 능력의 공급

그리스도의 능력을 공급받을 때 승리합니다.

(3) 믿음의 활용

주님을 믿을 때 주님이 우리를 구원하여 주시는 것입니다. 믿음은 활용해야 힘이 되고 역사가 나타납니다.

(4) 최선을 다함

열심을 다하고 최선을 다할 때입니다. 승리는 가지고 있는 능력을 다할 때 얻을 수 있는 것입니다.

(5) 과거를 잊고 과감히 전진

사도 바울처럼 뒤에 것은 잊어버리고 약속된 승리를 믿고, 푯대를 향하여 과감히 전진할 때에 우리는 승리합니다.

내일은 하나님의 시간

(출8:8-15)

모세는 바로 왕 앞에 나타나서 하나님이 살아계시고 그와 함께 하심을 기적을 통해서 보여주었습니다. 오늘 본문은 그 중에 세 번째 개구리 재앙에 대한 것입니다.

개구리가 궁전으로부터 시작하여 신하들의 집과 일반 가정의 침실과 부엌의 떡 반죽 그릇에도 온통 개구리 천지가 되었습니다. 그러자 바로는 타협안을 내어 놓았습니다. 개구리를 떠나게 하면 백성들을 보내겠다고 했습니다. 모세가 언제 그럴 것이냐? 하고 물었을 때 바로는 '내일이니라'고 대답했습니다. 그러나 내일이 되니까 바로는 마음이 변하고 말았습니다.

1. 바로는 왜 내일이라고 대답했까?

(1) 계교를 꾸미려는 속셈

우선 개구리 재앙을 피하고 난 뒤에 핑계를 대고, 계교를 준비하려는 시간적 여유를 가지려고 내일이라고 한 것입니다.

그러나 오늘 할 일을 내일로 미루는 것은 자신의 불행을 연장하는 어리석은 일입니다.

(2) 우연한 해결을 기대

혹시 우연히 개구리 재앙이 일어났다면 오늘이라도 우연히 해결되리라는 막연한 기대를 가지고 있었기 때문입니다.

이 세상에 어떤 일도 우연히 되는 경우는 하나도 없습니다. 모든 것이 다 하나님의 섭리요 예정이요, 뜻임을 알아야 합니다.

(3) 인간적 방법을 먼저 시도함

하루 더 인간적으로 방법을 동원해 본 후에 하나님의 힘을 빌리기를 원했던 것입니다. 우리도 항상 인간적인 방법을 다 동원해 본 후에 하나님을 의지하려고 합니다.

2. 내일의 철학적 문제점

(1) 내일은 하나님의 시간

오늘은 나의 시간이지만 내일은 하나님의 시간이란 점입니다.

약 4:14절에 "내일 일을 너희가 알지 못하는도다. 너희 생명이 무엇이뇨, 너희는 잠깐 보이다가 없어지는 안개니라"고 했습니다.

(2) 오늘 할 일은 오늘 해결

오늘 할 일을 내일로 미루기 위한 핑계가 되는 경우가 많습니다.

(3) 내일을 절대 기대하면 헛됨

막연한 내일의 기대는 허탈감밖에 가져다주지 않는다는 것을 알아야 합니다.

내일은 오늘의 연속입니다. 더 중요한 것은 내일은 하나님이 축복해 주셔야 오는 시간입니다.

3. 내일의 철학을 바로 가짐

(1) 내일의 소망 오늘의 결과

그러려면 오늘 할 일을 오늘 다 해야 합니다.

(2) 응답을 기다리는 내일의 철학

하나님의 응답을 기다리는 내일의 철학을 가져야 합니다.

우리는 너무 성급합니다. 그래서 적당히 하게 됩니다. 그러므로 우리는 느긋하게 기다릴 줄 알아야 합니다.

(3) 내일은 오늘의 결실

내일의 열매는 오늘을 성실하게 사는 데서 비롯됨을 알아야 합니다.

(4) 하나님을 전적으로 의지할 때

내일의 소망은 하나님께 전적으로 의지할 때만 가능합니다.

(5) 하나님을 전적으로 의지하고 범사에 감사

바른 내일의 철학은 적극적 사고방식을 가지고, 하나님을 전적으로 의지하고 범사에 감사하면서 사는 것입니다.

너희 안에 이 마음을 품으라

(빌2:5-11)

1. 그리스도의 마음

(1) 자신을 비우는 겸손한 마음

자기 자신을 비우는 겸손한 마음입니다. 겸손은 하나님의 축복을 담는 그릇입니다. 겸손은 '하나님 없이는 살 수 없다'는 것을 말합니다. 그래서 주님은 아이를 가운데 세워두고 너희가 돌이켜 어린아이와 같이 되지 아니하면 결단코 천국에 들어가지 못하리라고 하였습니다. 주님은 하나님의 본체이시지만 동등할 것으로 여김 받지 않으시고 종의 모습으로 태어나 종으로 살고 십자가 위에서 죽으셨습니다.

(2) 하나님의 뜻에 자신을 복종시키는 마음

자기 마음대로 사는 사람이 있고, 법을 순종하면서 사는 사람이 있습니다. 더 중요한 것은 하나님의 법을 순종하면서 사는 사람이 있습니다. 주님은 모든 것을 하나님의 뜻대로 복종시키셨습니다. 심지어 죽기까지 복종하였습니다. 우리도 죽기까지 복종해야 합니다.

(3) 희생적 사랑

사랑은 관심을 갖는 것이고, 이해하는 것이고 주는 것이지만 무엇보다도 희생하는 것입니다. 지금 한국교회는 희생을 하지 않으려고 하기 때문에 문제입니다. 촛불이 자기를 태우는 희생 없이는 절대로 밝힐 수가 없듯이 지금 우리도 마찬가지입니다.

2. 품는다는 말뜻은?

(1) 어미 닭이 알을 품듯이

닭이 알을 품고 2주 있으면 병아리를 까게 됩니다. 주님의 이 마음을 품고 있으면 놀라운 변화가 일어납니다. 생명이 일어나는 것입니다.

(2) 보물을 간직하듯이

보물이 있으면 언제나 관심을 가지고 잘 보관합니다. 남이 훔쳐가지 못하게 지킵니다. 주님의 이 마음을 보물처럼 갖게 될 때에 변화가 일어나고 개혁이 일어납니다.

너희는 단장품을 제하라

(출33:1-6)

1. 단장품을 제하라

본문 5절에 '단장품을 제하라'고 했는데 그 말씀은 무슨 뜻입니까?

여기서 단장품이란 부녀자들이 몸에 장식했던 반지, 목걸이, 팔찌 등 장신구와 패물을 말합니다. 그러면 여자들은 반지도 끼지 말고, 팔찌도 하지 말고, 목걸이도 하지 말고 다니라는 말일까요?

(1) 죄를 더 짓지 말라는 뜻

가장 중요한 것은 과거에 지은 죄를 기억하고 반복하여 죄를 짓지 말라는 뜻입니다. 금송아지를 만들었을 때에 부녀자들이 몸에 치장하고 있던 패물과 금 고리를 아낌없이 빼내어 금송아지를 만들었던 것입니다. 따라서 단장품은 아론 당시에 우상숭배의 도구로 사용되었기 때문입니다. 단장품 자체가 나쁘다는 것은 아닙니다. 중요한 것은 어떠한 목적으로 사용되었느냐가 문제인 것입니다. 그리고 지나친 사치도 경계해야 됩니다.

(2) 금송아지 사건

금송아지 사건을 통해서 하나님의 자비와 징계를 기억하라는 뜻입니다.

하나님의 성품은 크게 두 가지입니다. 공의와 긍휼입니다. 하나님은 우리를 불쌍히 여기시지만, 그러나 죄악에 대해서는 단호하십니다.

2. 우리는 어떻게 해야 하는가?

(1) 진정한 회개를 해야 함(4절).

"말씀을 듣고 슬퍼하여." 세상에서 가장 무서운 것은 죄입니다.

첫째 죄는 하나님과 우리를 갈라놓기 때문입니다.

둘째 하나님께서 그의 얼굴을 가리시기 때문입니다.

셋째 범죄하면 사탄의 종이 되기 때문입니다.

넷째 죄는 한번으로 끝나지 않고 연속성이 있기 때문입니다.

다섯째 가장 무서운 것은 반드시 심판을 받기 때문입니다.

(2) 단장품을 제하여야 함(5-6절).

단장품을 제하여 버린다는 것은 회개의 외적인 표현입니다. 육적인 쾌락을 삼가고, 하나님 앞에서 겸손히 근신한다는 뜻입니다.

(3) 약속의 땅으로 올라가야 함(1절)

우리는 하나님이 보여주시는 약속의 땅으로 올라가야 합니다.

1절에 보면 "함께 여기서 떠나서" "네 자손에게 주마한 땅으로 올라가라" "내가 사자를 네 앞에서 보내어"라고 했습니다.

여기서 우리가 할 것이 두 가지라고 했습니다.

첫째는 함께 떠나는 것입니다.

둘째는 약속의 땅으로 올라가는 것입니다.

주님과 함께 성령님과 함께 떠나야 합니다. 지금 이곳이 아무리 좋아도 우리가 영원히 살아야 할 곳이 못됩니다. 올라가야 합니다.

하나님은 그의 사자를 우리 앞서 보내겠다고 약속했습니다. 주님이 앞서 가신 길을 따라 가야 합니다. 신앙이란 인도하심을 받는 대로 가는 것입니다.

너희는 돌아보아

(히12:15-17)

1. 왜 뒤를 돌아보아야 하나?

(1) 내가 어떻게 살았는가를 확인키 위해

내가 걸어온 길이 똑 바른가 아닌가를 확인하기 위해서입니다.

앞만 보면 똑 바른지 아닌지를 알 수가 없습니다.

(2) 회개할 죄를 알기 위해

과거에 내가 범한 잘못이 무엇인가를 발견하기 위해서입니다.

회개를 안 하는 이유는 자기가 범한 죄가 무엇인지를 모르기 때문입니다.

(3) 사랑의 빚을 확인하기 위해

하나님께 감사할 것이 무엇인지, 주변 사람들에게 사랑의 빚을 진 것이 무엇인지를 알기 위해서입니다. 사실 우리는 다 빚진 자들입니다. 이것을 모르고 살 때가 많습니다. 그래서 감사가 없고, 불평이 많습니다.

성경에는 수많은 사람들이 걸어온 길을 기록하고 있습니다. 그것은 우리 자신과 비교하라는 뜻입니다.

(1) 선대들의 선행을 본받아야

선대들이 잘한 것이 무엇인지 보라는 것입니다.

그래서 그것을 본받으라는 것입니다.

(2) 선대들의 잘못을 답습하지 말라

그들의 잘못한 것이 무엇인지 보라는 것입니다. 우리가 그 같은 잘못을 범하지 말라는 것입니다. 그래서 성경은 영혼의 거울입니다. 거울은 범하지 말라는 것입니다.

그래서 성경은 영혼의 거울입니다. 거울은 볼 때에 유익이 됩니다. 거울에 비친 것을 알면서도 그냥 덮어두면 삶에 아무런 소용이 없습니다.

2. 은혜에 이르지 못한 자가 되지 말라

15절에 보면 "하나님의 은혜에 이르지 못한 자가 있"기 때문에 돌아보라는 것입니다.

이것은 쓴 뿌리가 나서 괴롭게 하고, 많은 사람들이 피해를 입을까 두려워하기 때문이라고 했습니다. 하나님은 우리들에게 항상 은혜에 이르기를 원하십니다. 그런데 이 은혜에 이르지 못하는 사람들이 있습니다. 은혜에 이르지 못하면 쓴 뿌리가 나서 그 사람의 기초를 무너뜨립니다.

한국에 아카시아나무는 한 번 나면 주변의 모든 나무들이 자라지 못하게 하는 아주 강한 나무입니다. 얼마나 뿌리가 강한지 베어도 소용없고, 뽑아도 그 뿌리에서 또 나고, 그래서 석유를 부어 고사시켜야 겨우 죽습니다. 그처럼 생식력이 무서운 나무입니다. 이 '쓴 뿌리'가 바로 그런 것입니다.

그런데 계시록에(8:1) 보면 큰 별이 강들의 삼분의 일과 여러 물 샘에 떨어져 쑥이 되어 그 물들이 쓰게 됨을 인하여 많은 사람이 죽더라고 했습니다. 지금이 바로 그런 때입니다. 지금 교회들이 많지만 말씀의 샘물에 쑥이 들어가서 많은 사람들의 영혼이 죽어가고 있습니다. 그런데 이 쓴 물은 출 15:23절에 보면 이스라엘 백성들이 광야에서 당한 일입니다. 바로 마라의 사건이 그것입니다. 25절에 보면 두 가지 해결 방법이 나옵니다.

첫째는 여호와께 부르짖었다는 것,

둘째는 한 나무 가지를 던질 때에 물이 달게 되었다는 것입니다. 그 한 나뭇가지는 바로 십자가입니다. 이것이 우리들이 사는 길입니다.

3. 음행 하는 자

16절 상반 절의 말씀처럼 "음행하는 자"가 있는지 돌아보라는 것입니다.

주님이 말씀하시는 음행은 누구나 범할 수 있습니다. 마음에 음욕을 품는 자마다 이미 간음하였느니라고 했기 때문입니다. 인간은 누구나 음행에 빠질 수가 있습니다. 문제는 마음을 지켜야 합니다. 이 음행의 마음은 가정을 분열시키고, 행복을 깨뜨립니다. 그래서 잠언에 보면 (4:23) "무릇 지킬만한 것보다 더욱 네 마음을 지키라. 생명의 근원이 이에서 남이니라"고 했습니다.

4. 장자의 명분을 판자처럼 되지 말라

16절 상반 절의 말씀처럼 "장자의 명분을 판, 에서와 같이 망령된 자가 있을까 두려워하라"는 것입니다. 하나님이 우리들에게 주신 것 중에 중요한 것이 많습니다. 그런데 그것을 귀한 줄 모르고 아무렇게나 돌리다가 잃고 만 경우가 많습니다.

사울 왕이 바로 그런 경우이고, 가룟 유다가 바로 그런 사람입니다. 에서가 바로 그런 경우입니다. 사실 우리들에게 하나님의 자녀가 된 것만큼 귀중한 것이 어디에 있습니까? 그런데 우리는 그것을 작은 쾌락을 위해서 팔고, 작은 이익을 위해서 팔고 있습니다. 그것이 무엇인지 우리는 살펴보아야 합니다.

5. 후회하지 않도록 기회가 왔을 때 잡음

에서는 "그 후에 축복을 기업으로 받으려고, 눈물을 흘리며 구하되 버린 바가 되었기 때문에" 우리를 되돌아보아야 합니다.

에서는 나중에 깨달은 사람입니다. 그러나 그때는 이미 늦었습니다. 세상에는 다 기회라는 것이 있습니다. 기회는 얼마나 미끄러운지 그냥 잡으면 다 빠져나가고 맙니다. 미리 준비했다가 꼭 잡아야 겨우 잡습니다. 지나간 뒤에 후회하지 않도록 하나님이 기회를 주셨을 때에 잡을 수 있기를 바랍니다.

언제가 기회입니까? 바로 지금입니다. 보라 지금은 은혜 받을 만한 때요 보라 지금은 구원받을 만한 때라.

6. 회개할 기회

17절하의 말씀처럼 "회개할 기회를 얻지 못 하였기 때문"이라고 했습니다. 회개할 기회를 얻지 못할 때가 너무도 많습니다.

(1) 왜 회개할 기회를 잃는가?

죽을 때를 알지 못하기 때문입니다. 무엇을 잘못했는지 모르기 때문입니다. 마음이 강퍅하기 때문입니다. 사탄 마귀의 연기 작전에 빠졌기 때문입니다.

(2) 회개할 기회는 언제인가?

항상 지금이 회개할 기회입니다. 내일은 나의 날이 아니고, 하나님의 날 일 뿐입니다.

우리는 자신을 돌아보는 시간이 될 수 있어야 합니다. 과연 내게는 주님의 십자가가 있는가? 과연 나는 그 십자가의 보혈로 씻음을 받았는가? 내 신앙생활은 과연 정상인가? 거울인 성경을 통해서 자신의 얼굴을 보면서 하나님 앞에서 인정받기를 바랍니다.

너희도 서로 받으라

(롬15:7-13)

우리가 참으로 힘써야 할 것은 서로 조화를 이루는 것입니다. 그 조화를 이루려면 서로 받아들여야 합니다.

1. 조화는 하나님이 기뻐하시는 일

시 133:1절에서 "형제가 연합하여 동거함이 어찌 그리 선하고 아름다운고"라고 하였습니다. 인간이 추구하는 것이 바로 진·선·미인데 조화가 바로 진과 선과 미라면 이것은 바로 하나님의 뜻입니다.

2. 서로 개성이 다름을 인정해야

현실적으로는 우리는 서로 개성이 다르다는 것을 인정해야 합니다.

그러면 결론은 아주 분명합니다. 그래서 오늘 본문에서는 "너희도 서로 받으라"고 말씀하십니다. 다양한 인격 속에서 서로 받으라는 것은

(1) 상대적인 존재임을 인정

우리들이 다 상대적인 존재임을 인정하는 것입니다.

(2) 그럼에도 불구하고 한 마음이 됨

그럼에도 불구하고 우리들은 다 한 마음이 되어야 한다는 것입니다.

따라서 우리들은 서로 상대방을 받아들여야 합니다. 우리들은 하나님 앞에서는 차별이 없습니다.

그러면 서로 받아들인다는 뜻은 무엇입니까?

(1) 친구로 받아들이라는 것

왜 우리들이 서로 받아들여야 합니까? 그것은 예수님이 유대인들뿐 아니라 이방인들도 받아들였기 때문입니다. 그리고 하나님의 영광을 위하여 받아들이는 것입니다. 또한 교회의 성장을 위하여서도 서로 받아들여야 합니다.

(2) 받아들인다는 말은 연합한다는 뜻

갈 3:28절에 "너희는 유대인이나 헬라인이나 종이나 주인이나 남자나 여자나 차별 없이 다 그리스도 예수 안에서 하나니라"고 했습니다.

어떻게 하나가 되었습니까?

엡 2:13절에 보면 "이제는 전에 멀리 있던 너희가 그리스도 예수 안에서 그리스도의 피로 가까워졌느니라"고 했습니다.

너희로 인하여

(롬2:17-29)

본문 2:24절에 "하나님의 이름이 너희로 인하여 이방인 중에서 모독을 받는 도다"라고 하였습니다.

1. 로마교회의 문제점

(1) 율법주의

17절에 보면 "율법을 의지하며"라고 했습니다.

그 내용은 그 다음에 나옵니다. 그것은 하나님을 자랑하였다고 했습니다. 언뜻 보면 좋게 보입니다만, 그러나 이것은 우월의식의 표현이었습니다. 사람들은 누구나 자랑하기를 좋아합니다. 그러나 따지고 보면 세상의 모든 죄악은 바로 이런 우월감에서 나옵니다. 왜냐하면 이것이 바로 교만의 뿌리에서 나온 가지이기 때문입니다.

(2) 이방인 중에서 모독을 받는 자들

당시 로마 교인들은 19절에 "율법에 있는 지식과 진리의 규모를 가진 자"들이었습니다.

외형상으로는 참 좋습니다. 그런데 이들은 20절 말씀대로 스스로 믿기를 어리석은 자의 훈도요, 어린아이의 선생이라고 자처하였습니다. 그러나 바울은 네 가지를 지적하였습니다. 그들은 소경을 인도하는 자, 어두움에 있는 자의 빛, 어리석은 자의 훈도, 어린아이의 선생이라고 하였습니다. 이것은 다 자칭하는 말이었습니다. 이에 대해 바울은 자기 반성을 촉구합니다.

21절에 "그러면 다른 사람을 가르치는 네가 네 자신을 가르치지 아니하느냐?" 여기서 중요한 것은 선생이 되려면 먼저 하나님 앞에서 학생이 되어야 한다는 말입니다. 누구나 예수님처럼 온전하지 못하기 때문에 우리는 배워야 합니다.

그리고 24절에 책망이 나옵니다. "하나님의 이름이 너희로 인하여, 이방인 중에서 모독을 받는도다."

2. 누가 참 유대인인가

참된 유대인이란 표면적인 데 있는 것이 아니라 이면적인 데 있다고 했습니다. 그러면 누가 참 유대인입니까?

우리가 흔히 하는 말 가운데 사람이면 사람인가 사람이라야 사람이지 라는 말이 있습니다. 이것은 우리 모두에게 적용됩니다.

그러면 누가 참 성도입니까?

(1) 형식적인 유대인의 특징

형식적 유대인의 특징은 장로들의 유전을 중히 여기면서도 그리스도를 부인하고, 자기의 의만을 내세우는 자들입니다.

(2) 위선적인 유대인

가르치는 바를 행하는 자들입니다. 간음하지 말라고 가르치면 간음하지 말아야 합니다.

(3) 하나님의 이름을 영화롭게

무엇보다도 하나님을 욕되게 하지 말아야 합니다

(4) 할례를 욕보인 유대인

할례를 무할례로 만들지 말아야 합니다.

할례에는 전제 조건이 있습니다.

첫째 하나님께서 선택해주신 것을 감사해야 하고

둘째 자신을 온전히 하나님께 내어 맡겨야 하고

셋째 하나님의 사명을 겸손히 수행한다는 조건입니다

그러나 유대인들은 할례를 기득권의 상징처럼 생각했습니다.

그러면 이면적 할례를 받은 자는 누구입니까?

첫째 마음에 할례를 받은 자입니다.

둘째 그리스도로 자랑하는 자입니다.

셋째 육체를 신뢰하지 않는 자입니다.

넷째 하나님의 계명을 지키는 자입니다.

(5) 하나님께 칭찬받기를 기뻐하는 자

29절에 하나님에게 칭찬을 받는 것을 기뻐하는 자라고 하였습니다.

사실 사람의 칭찬은 헛것입니다. 우리를 외식자로 만듭니다. 그러나 주님의 칭찬은 귀한 것입니다. 그러므로 우리는 다 하나님의 칭찬을 받는 자들이 되시기를 바랍니다.

그러면 주님에게 칭찬을 받으려면 어떻게 해야 합니까?

첫째 먼저 하나님을 경외해야 합니다.

둘째 성령과 지혜가 충만해야 합니다.

셋째 무엇에든지 칭찬받을 만하게 행하여야 합니다.

넉넉하여 남음이 있었더라

(출36:2-7)

1. 교회에 필요한 것은?

(1) 자원 봉사

2절, 교회에 와서 '봉사하려고 마음에 원하는 사람들이 많아야합니다. 모든 일을 주관하시는 것은 하나님이시지만, 그러나 그 하나님의 뜻을 따라 실제로 일을 하는 것은 사람입니다. 하나님은 사람을 통해서 일하십니다. 그러므로 교회에 와서 일을 하려고 마음에 원하는 사람들이 많아야 교회는 넉넉하고 남음이 있습니다.

그러나 누구나 섬기는 것은 아닙니다. 본문에 보면 몇 가지의 자격을 말씀하고 있습니다. 첫째로 지혜가 있어야 하고, 둘째는 일에 대한 열정과 비전이 있어야 합니다.

(2) 자원하는 예물이 많아야

3절, 교회에는 '자원하는 예물이 많아야' 합니다. 하나님이 가장 기뻐하시는 것은 자원하여 바치는 예물입니다.

(3) 계속하여 바치는 믿음

3절, '연하여 가져와야 합니다. 교회는 교인들이란 까마귀가 물어오는 것으로 운영하고 구제하고 전도하고 선교하는 주님의 몸이기 때문에 예물이 있다말다 하면 문제가 생겨집니다. 연하여 있어야 하고 계속 가

져와야 합니다. 언제까지? 있는 재료가 모든 일을 하기에 넉넉하도록
해야 합니다.

2. 넉넉하여 남음이 있으려면?

(1) 은혜가 풍성해야

먼저 은혜가 풍성해야 합니다. 교회는 은혜중심이기 때문에 교육이나
전도나 선교의 사업도 중요하고, 프로그램도 중요하지만 더 중요한 것
은 은혜가 풍성해야 합니다. 은혜가 없을 때 많은 분들은 목사만을 탓
합니다. 물론 교회의 지도자는 목사이기 때문에 목사에게 우선적인 책
임이 있는 것은 사실이지만, 그러나 은혜를 주시는 분은 하나님이십니
다. 그러므로 우리에게 은혜 받을 그릇이 준비되어야 하나님은 주십니
다. 울어도 안 되고, 힘써도 안 되고, 오직 믿음의 그릇이 준비되어야
합니다. 하나님께 매달려 기도해야 합니다.

목사는 다만 하나님의 도구요 전달자일 뿐 그 이상이 못 됩니다. 그
래서 목회자에게 중요한 것은 하나님이 주시는 말씀을 때를 묻히지 말
고, 깨끗하게 남김없이 다 주어야 합니다.

(2) 예수 사랑이 풍성해야

교회에 예수 사랑이 풍성해야 합니다. 헌금은 예수 사랑의 표현이고,
교회 사랑의 표현입니다. 또 성도들 간에 사랑이 있을 때 헌금하고 봉
사할 마음이 생깁니다. 여기서 말하는 사랑은 추상명사가 아닙니다. 사
랑은 동사입니다. 사랑은 구체적으로 성도들 간에 교회에 대한 관심을
갖는 것입니다. 교회에 대한 책임을 지는 것입니다. 충현교회가 오늘에
이른 것은 첫째는 원로목사님의 희생적 봉사와 탁월한 리더십이 있었기
때문이기도 하지만 또 한편으로는 순종하는 성도들이 많고 교회를 내
몸처럼 아끼는 성도들이 많기 때문입니다.

(3) 바치는 자에게 축복해 주심

하나님께서 바치는 자에게 축복해주시고, 형통케 하심을 믿어야 풍성해지고 넉넉해집니다. 다시 말하면 믿음이 풍성해야 은혜도 풍성하고, 사랑도 풍성하고 물질도 넉넉하고 모든 것이 넉넉합니다.

네 가지 축복을 받읍시다

(시84:4-7)

시편 84편은 예루살렘을 순례하는 자의 간증을 기록한 책입니다.

1. 주의 집에 거하는 자

(1) 하나님 전의 봉사자들

일차적으로 구약시대의 하나님의 전에 거하면서 하나님께 봉사하는 제사장, 찬송하는 레위인들, 고라의 자손들, 문을 지키는 자들을 뜻합니다.

(2) 하나님을 모신 마음의 천국

그러나 오늘에 있어서는 마음에 천국이 있는 자, 주님을 모시고 사는 자를 뜻합니다.

2. 마음에 시온의 대로가 있는 자.

(1) 하나님을 사모하고 모시는 성도

그 마음에 성전으로 나아가기를 열망하고, 하나님께 나아가기를 사모하는 자를 뜻합니다.

(2) 시온의 대로가 열린 자

시온의 대로가 활짝 열린 자가 복이 있습니다.

3. 세상은 눈물의 골짜기

이 세상은 눈물의 골짜기입니다. 이곳으로 통행할 때에 많은 샘이 솟아나는 곳이 되기를.

(1) 이 세상은 눈물의 골짜기

우리는 그 순례자입니다. 출애굽기에서 볼 수 있듯이 이스라엘 백성들처럼 목에 갈증이 난 곳입니다. 반석을 쳐서 샘물이 되듯이 항상 기쁨과 감격과 행복이 샘솟기를 바랍니다.

이 세상은 눈물의 골짜기이기에 우리는 태어날 때, 살아갈 때, 죽을 때에 웁니다. 그래서 위로의 샘이 필요한 것입니다.

(2) 이 세상은 오아시스 없는 사막 같음

오아시스가 필요한 곳입니다. 엔게데, 여리고가 바로 그런 곳입니다. 그러나 하나님의 사람들에게는 때를 따라 돕는 은혜가 주어집니다.

4. 시온에서 하나님 앞에 각기 나타나는 자

(1) 순례자들의 경배

순례자들이 마침내 기나긴 여정을 마치고 예루살렘에 당도하면 하나님께 나아와 경배를 드리게 됩니다. 이것이 순례자의 최고의 축복입니다.

(2) 죽은 후 하나님 앞에 설 인간들

인간은 죽은 후(순례가 마친 후)에는 반드시 하나님 앞에 서야 합니다. 우리는 다 면류관을 받기 위해서 각자에게 맡겨주신 사명에 충성해야 합니다.

네 죄가 사하여졌느니라

(사6:1-8)

우리 인간에게 가장 근본적으로 필요한 것은 바로 "네 죄가 사하여졌느니라"는 하나님의 용서의 말씀입니다.

1. 말씀을 통해 나의 모습을 바로 볼 수 있어야 함(1-4절).

인간은 눈이 밖으로 있어서 남의 얼굴만 보입니다. 자기의 얼굴은 보이지 않습니다. 그런데 칼뱅은 자아의 발견은 하나님의 발견에서 시작된다고 하였습니다.

이사야는 하나님의 음성을 듣게 되었을 때에 마침내 그는 깨어졌습니다. "화로다 나여 망하게 되었구나, 나는 입술이 부정한 사람이라." 이사야는 하나님을 보았을 때에 자신의 죄를 의식하게 되었던 것입니다.

우리는 자신의 모습을 하나님의 말씀의 거울에 비추어 보면 정말 한심합니다. 그러나 부끄럽지만 자신의 죄된 모습을 볼 수 있어야 합니다.

2. 용서함을 받으려면(5-7절)

중요한 것은 하나님으로부터 사죄의 은총을 받아야 합니다. 그래야 하나님의 축복을 받을 수 있고, 하나님의 자녀가 될 수도 있기 때문입니다.

(1) 자기 죄를 회개하고

먼저 자신이 죄인인 것을 발견하고 고백해야 됩니다.

(2) 그리스도의 피가 범죄한 가슴에 닿아야

천사의 숯불이 범죄 한 인간의 입술에 닿는 것처럼 그리스도의 피가 범죄한 우리의 가슴에 닿아야 용서함을 받습니다.

그래서 과거와 현재의 모든 죄를 다 용서함을 받게 되는 것입니다.

(3) 성령 훼방 죄를 범하지 말아야

성령 훼방 죄는 사함을 받지 못하기 때문입니다.

마 12:31절에 "사람의 모든 죄와 훼방은 사하심을 얻되 성령을 훼방하는 것은 사하심을 얻지 못하겠고"라고 하였습니다. 성령 훼방 죄는 기본적으로 불신자만이 범하는 죄입니다. 다시 말하면 성령께서 믿을 수 있는 기회를 주셨는데도 믿지 않고, 고의적으로 방해를 할 때 이것이 성령훼방 죄입니다.

3. 용서받은 자가 해야 할 일(8절)

(1) 피 값으로 사신 주님께 헌신을 해야

그러면 하나님은 무엇에 우리를 쓰십니까?

우리에게 주신 달란트에 따라, 주신 은사에 따라 쓰십니다. 어떤 사람은 주님을 증거하는데 쓰시고, 또 어떤 사람은 섬기는 자로 쓰시고, 또 어떤 사람은 기업인으로 쓰십니다. 또 어떤 사람은 주부로 쓰십니다. 모든 사람은 적든지 크든지 다 하나님이 주신 달란트가 있습니다. 그러므로 각자는 하나님이 주신 개인적인 달란트를 가지고 충성하면 되는 것입니다.

네 지경을 넓히리니

(출34:21-24)

24절의 지경이란 말은 원문에 보면 '게불' 즉 끈이란 뜻입니다. 즉 경계선, 공간을 뜻하는 말입니다. 그러므로 오늘의 제목은 나의 경계선, 나의 활동공간을 넓히라는 축복의 말씀이요 명령의 말씀이요 권면의 말씀입니다. 이 제목으로 함께 은혜를 나누려고 합니다.

1. 지식으로 보는 인간 세계

우주로 보면 세상은 좁습니다만 인간의 능력의 한계로 보면 결코 좁은 세상이 아닙니다. 그러나 문제는 사람마다 세계가 다릅니다. '지식은 그의 세계입니다'. 그래서 배우지 못한 사람은 자기와 가정과 친척과 교회라는 작은 울타리 속에서만 삽니다. 그 울타리 밖을 나가지 못합니다. 두렵기 때문입니다. 그의 지식과 경험이 좁기 때문입니다. 그러나 어떤 사람들은 세계를 대상으로 해서 활동하고 삽니다. 이런 사람을 위대한 사람이라고 우리는 존경합니다.

과연 저와 여러분들의 지경은 어느 정도인가요? 어항 속에 사는 갇혀 지내는 물고기 같은 존재인가요? 새장에서 갇혀 사는 새들은 아닌가요? 솔직히 기독교인들은 비둘기같이 순결한 것은 좋으나 너무 시각이 좁고 생각이 좁고, 활동이 좁습니다.

물론 우리는 교회중심으로 살아야 합니다. 그러나 교회 안에서만 활동하고 세상, 직장에 가서는 꼬리 노릇만 한다면 전도는 누가하고, 세상의 빛의 역할을 어떻게 합니까? 지금 가만히 보면 교회에서는 무직자들이 인기 있습니다. 왜냐하면 교회에서 봉사하는 시간이 많기 때문입니다. 그러나 나는 그렇게 생각지 않습니다. 직장을 가지고 그 직장에서 성공하십시오. 그것이 신앙의 목적이요 열매입니다. 앞으로는 직장에서 성공한 사람들이 집사가 되고 장로가 되는 풍토가 이루어져야 합니다. 지금도 교회에서 말썽을 많이 일으키는 사람들은 교회에서 시간을 많이 보내는 사람들이 많습니다.

혹 어떤 분들은 직장 없는 것도 슬픈데 목사님까지 사람을 무시하느냐고 오해할 수 있습니다. 그러나 그런 오해가 아니고 원리를 말하는 것입니다. 교인들은 교회에서는 은혜 받고 떠나서 세상에서 사는 것이지 교회가 우리의 삶의 터전은 아니기 때문입니다. 흩어지는 것이 있어야 합니다. 그러려면 우리의 지경을 넓혀야 합니다.

① 먼저 지식의 지경을 넓히고
② 다음은 활동의 지경을 넓히고
③ 봉사의 지경을 넓히고

그리고 교회에서 봉사하시기 바랍니다. 봉사하지 않는 것도 문제지만 교회에서만 봉사하는 것도 문제입니다. 가정과 직장과 사회에서 봉사해야 빛이 되고 소금이 될 수 있습니다. 어떤 분들은 교회에서만 열심히 봉사하다가 직장에서 쫓겨나고, 마침내는 교회의 골칫거리나 되고, 구제의 대상이 되는 경우가 있는데 이것은 올바른 것이 아닙니다.

④ 영향력의 지경을 넓힘

2. 절기의 의미

(1) 안식일

이레 되는 날은 쉬라고 했습니다. "제 칠일에는 쉴지니." 그러나 그 앞에 있는 "너는 엿새 동안 일하고"란 말을 빼면 안식일의 참된 의미가 없습니다. 아니면 일주일 내내 쉬는 사람이 최고로 안식을 잘 지키는 사람이 되기 때문입니다. 우리는 철저하게 일하고 철저하게 쉬어야 합니다. 일하는 자에게만이 쉬는 권리가 있고, 그 맛을 알고 안식일의 고마움을 깨닫게 됩니다.

(2) 칠칠절(오순절)

칠칠절은 어떤 절기인가 하면 보리와 밀을 주신 날, 율법을 주신 날, 성령을 주신 날입니다.

우리 교회에서는 맥추절(초실절)로 지킵니다. 감사의 시작이요 은혜를 깨닫는 절기입니다. 지금 우리 사회의 병은 감사불감증입니다.

(3) 수장절

오늘의 추수감사주일을 말합니다. 이것은 감사의 시작이요 감사의 완성적 표현입니다.

3. 누구도 네 땅을 엿보지 못하리라.(24절)

(1) 지켜주시고 보호하심

불안과 공포를 제거해주고, 해소해주시는 말씀입니다. 하나님이 지켜주시고 보호하신다는 뜻입니다.

(2) 확신을 가지라는 말씀입니다.

(3) 역사의 주인이 하나님이시라는 뜻입니다.

(4) 삶의 목표를 하나님께 두고, 하나님 안에서 살라는 뜻입니다.

엘리에셀의 기도

(창24:12-27)

아브라함이 큰일을 할 수 있었던 것은 그에게는 엘리에셀이라고 하는 종이 있었기 때문입니다. 창 15:2절에 보면 엘리에셀은 아브라함이 그의 양자로 생각할 만큼 아브라함이 전적으로 신뢰하였던 사람이었습니다.

엘리에셀은 어떤 사람이었습니까?

1. '주인의 뜻'을 항상 마음에 새겨둠

4절에 보면 아브라함이 엘리에셀에게 명령합니다. "내 고향 내 족속에게로 가서 내 아들 이삭을 위하여 아내를 택하라." 여기서 중요한 것은 '내 고향 내 족속에게로'라는 점입니다. 가나안 여자를 며느리로 택할 수 없다는 것입니다. 왜 아브라함은 고향의 여자를 택하기를 원했을까요? 그것은 "언약의 씨를 순결하게 보존하기 위해서"였습니다.

우리는 언약의 씨인 우리 자녀들의 신앙의 순결을 보존하도록 해야 합니다. 그래서 불신결혼은 하지 말아야 합니다.

엘리에셀은 주인의 뜻을 다시 확인합니다. "여자가 나를 좇아 이 땅으로 오고자 아니 하거든 내가 주인의 아들을 주인의 나오신 땅으로 인도하여 돌아가리까"(5절). 이때 아브라함은 분명히 대답합니다 "삼가 내 아들을 그리고 데리고 돌아가지 말라"(6절). 만일 여자가 너를 좇아오고

자 아니하면 나의 이 맹세가 너와 상관이 없나니라(8절).

2. 엘리에셀은 그의 사명을 기도로 시작함

사실 엘리에셀은 경륜이 많은 사람입니다. 그러나 그는 자신의 경륜에 의지하지 않고, 하나님께 먼저 기도하는 것으로 시작하였습니다. 12절에 "우리 주인 아브라함의 하나님, 여호와여 원컨대 오늘날 나로 순적히 만나게 하사 나의 주인 아브라함에게 은혜를 베푸시옵소서." 하나님보다 앞서 가는 것은 어리석은 일입니다. 이것은 하나님을 온전히 신앙하지 못하는데 이유가 있습니다.

3. 아브라함의 종, 엘리에셀의 기도

다음으로 아브라함의 종, 엘리에셀의 기도는 아주 구체적인 기도였습니다(14절).

엘리에셀은 처녀에게 물을 달라고 할 때 개인뿐 아니라 '약대에게도 마시게 하면 이것을 하나님의 뜻으로 믿겠습니다.'라는 징표 요구의 기도를 드렸습니다. 이것은 이삭의 아내감으로 관대함이 있는가를 보는 것입니다. 대가 집 맏며느리 감으로서는 당연한 것입니다. 교회를 이루는 일에도 관대함이 중요합니다. 좁으면 큰일을 못합니다.

4. 엘리에셀의 기도

엘리에셀의 기도는 하나님께 머리 숙여 '경배하는 기도'였습니다(26절).

기도는 가장 짧은 예배입니다. 그래서 기도에서 제일 먼저 하는 것이 하나님께 대한 경배입니다. 나의 간구가 먼저가 아닙니다. 먼저 머리를 숙여서 경배하는 마음을 가진 후에 감사와 회개와 간구가 따라와야 합니다.

5. 엘리에셀의 기도는 '감사로 끝나는 기도'였음(27절).

"나의 주인 아브라함의 하나님 여호와를 찬송하나이다.

여호와께서…. 여호와께서 길에서 나를 인도하사 내 주인의 동생 집에 이르게 하셨나이다." 하나님의 은혜로운 경륜을 깊이 감사하는 이 기도야 말로 오늘날 우리들에게 꼭 필요한 기도입니다.

능히 든든히 세우사

(행20:28-35)

오늘의 요절은 32절입니다. 32절에 보면 비록 이 세상은 광야와 같아서 바람이 불고, 맹수들이 우리의 울타리 안까지 들어오지만, 그러나 하나님께서는 우리들을 능히 든든히 세우신다고 약속했습니다.

1. 먼저 알아야 할 것은 자기의 신분

내가 누구입니까? 한 마디로 말해서 우리는 하나님의 직분자입니다. 직분자라는 말은 주님의 사역을 위해서 하나님께서 맡겨주신 사명이 있다는 뜻입니다. 하나님은 우리들을 든든히 세우셔서 하나님의 뜻을 이루시는 분이십니다

2. 직분자의 삼가는 태도

(1) 삼가는 생활을 해야 함(28절)

삼간다는 말은 몸가짐을 조심하고 경계하는 것을 말합니다. 우리는 먼저 자신을 위해서 삼가는 생활을 해야 하고, 다음은 양떼들을 위해서 삼가는 생활을 해야 하는 것입니다. 끝으로 세상 사람들의 눈이 있기 때문에 삼가는 생활을 해야 합니다.

(2) 그리스도의 피로 사서 맡긴 사명

다음은 그리스도의 피로 사셔서 교회를 돌보는 자로 삼아주신 것을

잊지 말아야 합니다(28절)

나를 누가 세워주셨는가, 다음에는 나를 왜 세워주셨는가를 깨달아야 합니다. 우리는 하나님의 관리자입니다. 이것을 잊어버리면 내가 주인이 되고, 내 마음대로 하려고 하는 실수를 범합니다.

3. 경계심을 가지고 살아야

세상은 광야이기 때문에 지상 교회는 항상 바람이 불고, 맹수들이 들어와 있다는 것을 잊지 말아야 합니다.

교회에 출석하는 사람들이 다 순한 양이라고 생각하면 안 됩니다. 때로는 염소들도 있습니다. 그리고 때로는 양의 가죽을 쓴 이리떼들도 있습니다. 그러나 함께 공존해야 합니다. 그러므로 늘 언행에 조심해야 하고, 목자 되시는 예수님의 곁을 떠나가면 안 됩니다.

4. 하나님께서 지켜주심을 믿음

우리가 잊지 말아야 할 것은 하나님께서 우리들을 지켜주신다는 점입니다. 많은 사람들은 착각 속에서 살고 있습니다. 돈이 우리들을 지켜주고, 보험이 우리들을 지켜주고, 권력이 우리들을 지켜준다고 생각합니다.

무엇이 우리를 지켜줍니까?

(1) 주님께서 우리를 든든히 세워주심

마태복음 28:18절에 "하늘과 땅의 모든 권세를 내게 주셨으니"라고 했습니다. 다시 말하면 이 땅의 참 통치자는 주님이시기 때문입니다.

(2) 은혜의 말씀이 우리를 든든히 세워주심

히브리서 4:12절에 "하나님의 말씀은 살았고, 운동력이 있어 좌우에 날선 어떤 검보다 예리하여 혼과 영과 관절과 골수를 찔러 쪼개기까지 하며 또 마음의 생각과 뜻을 감찰하시나니"라고 했습니다. 바로 이 말씀이 우리들을 든든히 세워주기 때문입니다(32절).

5. 천국 기업인으로서의 자세

(1) 남의 재물을 탐하지 말아야 함(33절).

세상에서 가장 무서운 우상은 탐심입니다. 죄는 탐심에서 시작합니다. 그리고 탐심은 비교의식에서 시작합니다. 그러므로 우리에게 힘든 것은 절대 빈곤이 아니고 상대 빈곤입니다. 바로 비교의식입니다.

(2) 매사에 모범을 보이는 생활을 해야 함(35절).

그 본은 주님께서 말씀하신 대로 '주는 것이 받는 것보다 더 복이 있기' 때문입니다. 누가복음 6장 38절에 보면 "아무 것도 바라지 말고 빌리라, 그리하면 너희 상이 클 것이요"라고 했습니다.

다 하나님의 심판대 앞에 서리라

(롬14:9-12)

오늘 이 성경 말씀은 매우 심각한 구절입니다. 왜 우리가 예수를 믿고 바로 살아야 합니까? 그것은 우리는 다 하나님의 심판대 앞에 서게 될 것이기 때문입니다.

1. 누구나 하나님의 심판대 앞에 서게 됨

먼저 알아야 할 것은 우리는 다 하나님의 심판대 앞에 서게 된다는 사실입니다(롬14:10).

'심판'이란 분별한다, 곡식과 쭉정이를 구별한다, 양과 염소를 구별하여 낸다는 뜻입니다. 진짜와 가짜를 골라낸다는 뜻입니다. 중요한 것은 지금 이 세상에서의 평가로 끝나는 것이 아니라는 것입니다. 다시 말해서 하나님의 흰 보좌 앞에서의 마지막 심판이 있다는 것을 우리는 잊지 말아야 합니다.

2. 심판의 방법

(1) 공의로 심판하심

무엇보다도 먼저 공의로 심판하십니다. 중요한 것은 하나님께서 심판주가 되시는데 그리스도를 통해서 한다는 점입니다. 이미 심판은 시작되고 있으며 가장 잘 알려진 것이 노아 때의 대홍수 심판입니다.

그러나 마지막 심판은 주님의 재림과 함께 올 것입니다. 따라서 주님과의 관계에 따라서 심판의 내용이 결정될 것입니다.

(2) 우리가 행한 대로 심판하심(벧전1:17).

하나님에게는 두 개의 책이 있습니다. 하나는 '생명록'이고, 다른 하나는 '행위록'입니다. 바로 이 행위록에 따라 심판을 하실 것입니다.

중요한 것은 아무도 자신의 행한 일을 속일 수 없다는 점입니다. 지금 미국에도 자동차 면허증 번호만 대면 몇 번 교통법을 어겼는지 다 기록에 남아 있습니다. 또 우리의 범죄 사실도 조회할 수 있습니다. 오늘날의 컴퓨터는 아주 세밀합니다만 하나님은 더 세밀합니다.

(3) 마지막 심판은 공개적으로 이루어짐(롬2:16).

은밀하게 지은 모든 죄가 다 백일하에 드러나게 될 것입니다. 그러므로 소위 말하는 완전범죄란 있을 수 없습니다.

(4) 그리스도를 통해서 심판하심(요5:22).

심판 주는 하나님이시지만 주님을 통해서 한다고 했습니다. "아버지께서 아무도 심판하지 아니하시고, 심판을 다 아들에게 맡기셨으니"(왜냐하면 예수님은 "하늘과 땅의 모든 권세를 다 내게 주셨으니"라고 했기 때문입니다)

3. 누가 심판을 받는가?

(1) 산 자와 죽은 자(딤후4:1)가 다 심판을 받음

바울은 디모데에게 보내는 편지 가운데서 "산 자와 죽은 자를 심판하실 그리스도 예수 앞에서"라고 했습니다.

주님이 재림하실 때에 살아있는 사람도 심판을 받게 되고, 이미 죽은 자들도 똑같이 심판을 받게 됩니다. 어떤 상태에서 받습니까? 다 육체 부활을 하고 난 뒤에 흰 보좌 앞에서 서서 받습니다.

(2) 의인과 악인(전3:17)이 다 심판을 받음

우리가 예수 믿는 사람은 심판이 없을 것으로 착각합니다만 그렇지 않습니다. 성경은 말합니다. "의인과 악인을 하나님이 심판하시리니."

(3) 자기 처소를 떠난 천사들(유1:6)을 심판함

사탄 마귀도 심판을 받아 지옥 깊이, 불 못에 떨어지게 될 것입니다. 따라서 사탄을 따르는 모든 사람들이 다 심판을 받게 될 것입니다.

(4) 믿지 아니한 자(요12:48)들이 심판받음

"나를 저버리고 내 말을 받지 아니하는 자를 심판할 이가 있으니 곧 나의 한 그 말이 마지막 날에 저를 심판하리라." 그러나 이 심판은 옳고 그른 것을 분별하는 심판이 아니라 다 지옥의 심판을 받습니다. 다만 그 죄질에 따라서 그 형벌의 정도가 결정될 것입니다.

4. 하나님의 심판 대 앞에 있는 우리는?

(1) 형제를 판단하지 말고, 남을 업신여기지 말아야 함(롬14:10).

우리는 남을 심판하는 것을 좋아합니다. 자신이 심판주의 자리에 앉으려고 하는 것입니다. 그러나 우리는 다 심판을 받는 자입니다. 따라서 우리는 남을 판단하지 말아야 합니다. 심판은 하나님께 맡기고 우리는 다만 사랑을 베풀면서 살아야 합니다.

(2) 모든 무릎이 주님 앞에서 꿇을 것

모든 무릎이 주님 앞에서 꿇을 것이요 모든 혀가 하나님께 자백할 것을 기억하고, 기회가 있을 지금에 회개하고, 주님의 보혈로 씻김을 받아야 합니다. 기회는 현재에만 있습니다. 살아 있는 동안만 기회가 있습니다. 죽은 뒤에는 제2의 기회가 없습니다.

(3) 각인이 하나님께 직고함

12절은 결론입니다. "이러므로 우리 각인이 자기 일을 하나님께 직고

하리라."

심판에는 예외가 없습니다. 믿음이 강한 자나 약한 자나 남을 판단하는 자나 판단을 받는 자가 다 심판대 앞에 섭니다.

우리는 다 사실대로 하나님께 아뢰게 될 것을 기억하면서 '코람 대우(하나님 앞에서의 삶)로 살아야 할 것입니다. 살아 있는 동안은 기회가 있지만 죽은 뒤에는 두 번 다시 기회가 없다는 것을 기억해야 합니다. 그때는 변명이 통하지 않습니다. 그러므로 지금이란 시간을 선용할 수 있기를 바랍니다.

우리가 다 하나님의 심판대 앞에 선다는 사실을 항상 기억하면 좀 더 우리는 친절해지고, 의롭게 살 수가 있습니다.

다니엘처럼 기도하는 사람

(단6:10; 살전5:17)

오늘은 다니엘이 다리오 신하들의 참소로 사자 굴에 던져지기 직전에 죽음을 각오한 기도를 어떻게 하였는가를 말씀해 주고 있습니다.

다니엘은 자신의 제거 음모를 알고 있으면서도 죽으면 죽으리라는 일사각오의 신앙으로 기도하였다고 했습니다. 여기서 우리는 다니엘의 기도의 모범을 보게 됩니다.

1. 예루살렘을 향하여 기도함

이 말은 거룩한 곳을 향하는 자세를 말합니다. 우리는 하나님을 향하여 기도하는 자세를 가져야 합니다. 다니엘은 하나님을 향하여 기도를 하였습니다.

2. 다니엘의 규칙적인 기도생활

"전에 행하던 대로 하루 세 번씩 무릎을 끓고 기도하며"라고 했습니다. 규칙적인 생활을 하는 것이 복을 받는 비결입니다.

3. 역경 속에서도 죽음을 각오한 기도

다니엘은 그 역경 속에서도 죽음을 각오한 기도를 하였습니다.

다니엘은 조서에 어인(御印)이 찍힌 것을 알고도 하루에 세 번씩 기도하였다고 했습니다. 이런 죽음을 각오한 기도는 하나님께 응답을 안 하실 수가 없습니다. 우리에게는 금식기도가 힘이 있는데 이유는 죽음을 각오한 기도이기 때문입니다.

4. 다니엘은 범사에 감사하는 기도를 함

참 기도는 감사의 기도입니다. 본문에 보면 다니엘은 "그 하나님께 감사하였더라"고 했습니다. 다니엘은 잠시 후면 사자 굴에 던져질 것을 알고 있었습니다. 그러므로 그는 지금 너무 힘든 시간입니다. 그러나 오히려 감사하는 기도를 하였습니다. 지금까지 믿음을 지킨 것이 감사하고 죽어도 하나님의 말씀을 지키다가 죽으니까 하나님께 영광이 되기 때문에 감사하였습니다. 범사에 감사한 것입니다.

5. 긍휼을 구하는 기도를 함

15-19절에 보면 긍휼을 구하는 기도를 하였습니다.

바리새인들의 기도와 세리의 기도가 무엇이 다릅니까? 바리새인들의 기도는 자랑하는 기도였고, 세리들의 기도는 긍휼을 구하는 기도였습니다. 그렇습니다. 지금 우리가 살 길은 하나님의 긍휼뿐입니다. 나 개인이 사는 것도 하나님의 긍휼을 받을 때요 가정이 잘 되는 것도 하나님의 긍휼뿐이요 교회가 복을 받는 것도 하나님의 긍휼뿐이요 나라가 잘되는 것도 하나님의 긍휼뿐입니다. 우리의 자녀들이 잘 되는 것도 하나님의 긍휼뿐입니다.

우리 모두 다니엘처럼 기도하고, 우리 자녀들이 다니엘처럼 기도의 사람이 되도록 기도할 수 있기를 바랍니다.

다니엘의 기도

(단6:4; 9:3-10; 10:12)

1. 다니엘의 기도는 '죽음을 각오한 기도'였음

6:9절에 보면 "다니엘이 이 조서에 어인이 찍힌 것을 알고도 자기 집에 돌아가서는 그 방의 예루살렘으로 향하여 열린 창에서 전에 행하던 대로 하루 세 번씩 무릎을 꿇고 기도하며 그 하나님께 감사하였더라." 당시 누구든지 다른 신에게 무엇을 구하면 사자 굴에 던져 넣기로 결심을 하고 이것이 이미 어인이 찍힌 것을 알고도 두려워하지 않고, 기도했다는 것은 그의 기도의 결심이 순교적 각오를 했다는 것을 말해줍니다. 기도도 순교의 각오를 해야 할 수 있습니다.

2. 다니엘의 기도는 철저한 회개의 기도였음

"금식하며 베옷을 입고 재를 무릅쓰고 기도하며 간구하기를 결심"하였다고 했습니다. 히브리인들은 국가적인 큰 사건이 일어났을 때에는 금식하며 베옷을 입고, 재를 무릅쓰고 기도했습니다. 이것은 일상적인 기도가 아닙니다.

당시 다니엘은 예레미야의 예언대로 고레스가 다리오의 뒤를 이어 메데와 파사의 권좌에 올라 바벨론을 멸망시킬 시기가 가까운 것을 깨닫고 기도한 것입니다. 우리도 나라의 어려움이 있을 때에는 하나님께 금식하며 기도해야 합니다. 금식은 생명을 내건 기도를 하는 자세입니다.

3. 다니엘은 구체적으로 열조의 죄까지 회개하는 기도였음

"우리는 이미 범죄하여 패역하며 행악하며 반역하여 주의 법도와 규례를 떠났사오며"라고 회개의 기도를 했던 것입니다. 규례를 떠났다는 것은 중요한 의미가 있는 말씀입니다. 왜냐하면 언약의 표징으로 주신 것을 어겼다는 것은 바로 하나님을 떠났다는 뜻입니다.

8절에 보면 심지어 열조의 죄를 고백하였습니다(8절). 선지자의 말을 어긴 것도 회개했습니다(6절). 이것은 총체적 반역을 회개한 것입니다.

다니엘은 큰 재앙의 원인을 알았습니다. 그것은 크게 세 가지였습니다. 첫째는 13절, 16절에서 말씀하신 대로 죄악을 떠나지 않았기 때문이요, 둘째는 하나님의 진리에 대해서 관심이 없기 때문이요(삼상 4:11-21), 셋째는 하나님의 은총을 간구치 않았기 때문이었다는 것입니다.

오늘도 우리는 IMF의 경제적 재앙이 오게 된 이유를 알아야 합니다. 그것은 크게 세 가지 이유 때문입니다.

첫째는 우리 민족이 탐욕에 빠졌기 때문이요

둘째는 하나님보다는 세상을 더 좋아했기 때문이요,

셋째는 교회가 하나님께 진심으로 간구치 않았기 때문입니다.

4. 다니엘의 기도는 공의로우신 하나님을 인정함(7-14절)

하나님은 죄악을 그냥 내버려두지 않으시는 공의의 하나님이십니다. 그러므로 하나님의 공의로우심을 볼 때에 우리는 나의 죄를 발견하게 되고, 깨닫게 되고, 회개하게 됩니다.

5. 하나님의 긍휼을 구하는 기도였음(15-19절).

우리가 살 수 있는 길은 하나님의 긍휼밖에는 없습니다. 그의 공의대로 심판하시면 아무도 그 앞에 설 사람이 없습니다. 다 죽어야 합니다.

그러므로 하나님께서 용서하셔야 하고, 은혜를 주셔야 하고, 긍휼을 받아야 합니다.

감사한 것은 우리들이 하나님의 은혜의 보좌 앞에 나올 수 있다는 점입니다. 바로 예수님의 십자가 때문입니다. 그래서 용서받게 되었고, 긍휼을 입게 되었고, 기적을 체험하게 된 것입니다.

다윗이 시 109:4절에서 '나는 기도할 뿐이라'고 고백한 대로 우리가 사는 길도 기도밖에는 없습니다. 다니엘처럼 죽음을 각오하고 기도해야 합니다.

다른 교훈에 끌리지 말라

(히13:9-13)

우리에게 바른 교훈이 있습니다. 그것은 성경입니다. 그러나 이것을 방해하고 유혹하는 자가 있습니다. 바로 사탄입니다. 사탄은 우리에게 다른 교훈을 주어서 끌고 갑니다. 이것을 이단이라고 합니다. 이런 교훈에 우리는 끌려가지 말아야 합니다.

1. 이단이란 무엇인가?

한문으로 보면 시작은 같은데 끝이 다르다는 뜻입니다. 그러나 그것은 외형적으로 볼 때이고, 이단의 실상은 처음부터 그리고 근본부터 완전히 다릅니다. 다만 같은 것처럼 가장을 할 뿐입니다. 양의 가죽을 입고 나온 이리인 것입니다.

이단의 정체는 무엇인가요?

세 가지를 표준으로 삼으면 틀림없습니다.

첫째는 예수님의 속죄사역을 제한하거나 부인하면 이단입니다. 그래서 삼위일체 교리에서 가장 많은 이단이 나왔습니다.

둘째는 말씀을 가감하면 이단입니다. 문선명이 이단인 것은 '원리강론'이란 것을 더했고, 가톨릭이 이단인 것은 '9권의 외경'을 더했기 때문입니다. 요즈음 문제가 되고 있는 이단들도 보면 성경 외에 다른 설교집이나 책들을 표준화하고 있기 때문입니다.

셋째는 지금도 새로운 계시가 있다고 하면 이단입니다. 그 말은 또
  성경을 쓸 수 있다는 뜻이기 때문입니다.

2. 이단이 왜 무서운가?

(1) 가정을 무너뜨림

여호와의 증인이나 박태선 전도관이나 통일교에 들어가면 가정이 무
너집니다.

(2) 기성교회를 이단시와 구원론

기성교회를 이단시하고, 구원이 없다고 하기 때문입니다.

그래서 사회와 교회에 문제를 일으킵니다.

(3) 인간의 기본 윤리를 짓밟음

인간의 기본윤리를 짓밟고 사회를 어지럽힙니다.

(4) 사탄론리로 하나님 영광을 가림

사탄과 함께 하나님의 영광을 가리고, 하나님의 나라의 확장을 방해
하여 사탄의 왕국들 세우려고 하기 때문입니다.

3. 이단을 막으려면?

(1) 영적 외식 조심

영적인 외식(밖에 나가서 먹는 음식)을 조심해야 합니다. 교회 중심의 생
활을 해야 합니다. 자기가 출석하는 교회에서는 봉사하지 않으면서 다
른 어떤 집단에 가서 봉사하는 것은 하나님이 기뻐하지 않습니다.

(2) 하나님 말씀과 교회 전통중시

항상 하나님의 말씀과 건전한 교회의 전통을 중시해야 합니다.

하나님의 말씀은 신앙과 생활의 표준이 되고, 전통은 가장 안전한 길
이 되기 때문입니다.

(3) 성도와 교제

성도들과의 교제를 깊이 해야 합니다.

(4) 자기 교회사랑

자기의 교회를 사랑하는 사람은 이단에 끌려가지 않습니다. 자기 교회를 사랑하는 비결은 모든 일에 참여할 때 이루어집니다. 구경꾼들은 사랑하지 않고, 또 할 수도 없습니다. 그러므로 교회의 모든 일에 참여하시기를 바랍니다. 그러면 교회가 좋아지고, 이단에 빠질 위험성이 없습니다.

다른 이로 더불어 일이 있을 때

(고전6:1-8)

이 시간에는 '다른 이로 더불어 일이 있을 때'라는 본문의 말씀을 중심으로 우리가 어떻게 하는 것이 하나님의 뜻인가를 살펴보려고 합니다.

1. 의견이 다를 때

먼저 세상에 살다보면 서로 '의견이 다를 때'가 많이 있습니다. 이것을 이상하게 생각하면 안 됩니다. 소위 이견은 자연스러운 것입니다. 그러나 중요한 것은 이견이 있을 때 이것을 어떻게 해결하느냐에 달려 있습니다. 가장 바른 것은 하나님의 뜻대로 하는 것입니다. 어떤 특정한 가족이 중심이 되어 교회를 이끌어가려는 일은 절대로 없어야 할 것입니다.

2. 법적인 문제가 생겼을 때

다른 이로 더불어 일이 있을 때 어떻게 해결해야 하는가? 사람들은 흔히 세상 법정에 갑니다. 그러나 법적인 문제가 있을 때에는 먼저 당회에서 문제를 해결하고, 그 다음에는 노회에 가서 해결하고 그래도 안 될 때에는 총회에 가서 해결하라는 것입니다. 그래서 당회는 지방법원과 같고, 노회는 고등법원과 같고, 총회는 대법원과 같습니다. 그런데 당회에서 해결하려고 하지 않고, 노회에 가는 사람이 있다면 노회는 그것을 인정하지 않습니다. 당회에서 해결하도록 하라고 충고합니다. 내부적으로 해결하는 것이 가장 성경적입니다. 고린도 전서 6장에도 보면 세 번이나 '너희가 알지 못하느냐?'(2, 3, 9절)라고 반복해서 말씀하고 있습니다. 우리는 무엇이 하나님의 뜻인가를 알아야 합니다. 너희가 알지 못하느냐는 책망을 받아서는 안 됩니다.

3. 세상 법정에 가는 것을 성경은 왜 금지하는가

왜 그러면 세상 법정에 가는 것을 성경은 금지하고 있습니까? 오늘의 본문에서는 4가지로 말씀하고 있습니다.

(1) 성도가 세상을 판단함

"성도가 세상을 판단할 것을 너희가 알지 못하느냐?"(6:2절 상). 성도들은 세상을 판단할 권위가 있습니다. 하나님께서 판단력을 주시고 있기 때문입니다. 그런데 세상으로 간다는 것은 마치 부부 싸움을 자녀에게 해결을 바라는 것처럼 어리석은 짓입니다.

(2) 하나님이 세상을 심판할 때는 성도와 함께 하심

"세상도 너희에게 판단을 받겠거든 지극히 작은 일 판단하기를 감당치 못하겠느냐"(6:2절 하). 하나님께서는 세상을 심판할 때에 성도들과 함께 하십니다. 그런데 작은 일까지 세상의 판단에 맡긴다면 그것은 큰 잘못이라는 것입니다. 마지막에 주님과 함께 세상을 심판할 성도들이 작은 문제를 세상에 맡겨서 재판을 하는 것은 잘못입니다.

(3) 우리가 천사를 판단할 때

"우리가 천사를 판단할 것을 너희가 알지 못하느냐 그러하거든 하물며 세상일이랴?"(6:3절). 마지막 주님이 오실 때에 천사까지 심판할 권한을 우리 성도들에게 주신다는 것입니다. 그런 우리가 세상의 작은 일까지 우리가 세상으로부터 판단을 받는다면 그것은 모순이고, 잘못이란 말씀입니다.

(4) 성도끼리 법정송사는 부당

"형제가 형제로 더불어 송사할뿐더러 믿지 아니하는 자들 앞에서 하느냐?(6:6절). 우리 성도가 불신 법정에 가는 것 자체가 옳지 않다는 것입니다. 우리는 하나님 앞에서 성경을 통하여 판단을 받는 것이 옳습니다. 불신자들 앞에서 판단을 받는 것은 옳지 않다는 것입니다. 그러므로 당회장과 당회를 고발한 자를 당회에서는 출교를 시키고, 우리 총회의 재판에서 이 문제를 해결할 수 있도록 성경대로 해야 합니다.

4. 구체적 대안

그러면 우리는 구체적으로 어떻게 해야 하는가?

(1) 형제를 고발하지 말라

세상 법정에 소송을 당했을 때에는 어쩔 수 없이 변호사를 선임해서 자신을 보호할 수밖에 없습니다. 그러나 그것은 어쩔 수 없는 자기방어이지 바람직한 것은 아닙니다. 그러므로 본문은 소송을 당하는 경우를 말씀하고 있는 것이 아니라 고발하는 경우를 책망하는 말씀입니다.

(2) 차라리 속아줌

7절에 보면 고발의 경우를 말씀하고 있습니다. "'차라리' 불의를 당하는 것이 낫지 아니하냐? '차라리' 속는 것이 낫지 아니하냐?"고 두 번이나 반복해서 말씀했습니다. 자신의 이익을 위해서 성도가 성도를 고발하고, 세상의 법정에게 맡기는 것은 옳지 않다는 것입니다.

다윗의 기도

(삼하 7:18-29)

다윗은 기도의 사람이고 찬송의 사람이었습니다. 그의 기도는 바로 찬송이었고, 그의 찬송은 바로 기도였습니다. 150편에 달하는 시편이 바로 다윗의 기도요 다윗의 찬송입니다.

오늘 본문에 나오는 다윗의 기도는 먼저 다윗에게 네 가지의 축복을 약속하신 다음에 한 기도입니다. 이것을 흔히 하나님의 '다윗과의 언약'이라고 부릅니다.

1. 다윗에게 약속하신 하나님의 언약

첫째로 8절에 "내가 너를…. 내 백성 이스라엘의 주권자를 삼겠다"는 것입니다. 이것은 바로 다윗을 왕으로 삼겠다는 약속입니다.

둘째는 "네 이름을 존귀케 만들어 주리라"고 했습니다. 사실 다윗보다 그 이름이 더 존귀한 자가 어디 있습니까? 내 마음에 합한 자라고 칭찬했습니다.

셋째는 11절에 "모든 대적에게서 벗어나 평안케 하리라"고 했습니다. 다윗은 이 언약의 말씀대로 많은 나라들을 정복하고 영토를 넓힌 위대한 왕이 되었습니다. 그러므로 다윗의 위대함은 자기의 공로로 이룩한 것이 아니라 하나님이 주신 축복입니다.

넷째는 13절에 "나는 그 나라 위를 영원히 견고케 하리라." 그의 왕국의 번영과 형통을 약속했습니다. 이런 축복이 저와 여러분들에게 주시기를 축원합니다.

2. 다윗이 기도한 구체적 내용

첫째로 다윗은 왕으로서 대단히 바쁜 형편이었지만 하나님께 시간을 바쳐 기도하였습니다. 우리가 토요일마다 나오는 것은 토요일이 한가하기 때문이 아닙니다. 바쁘지만 그럼에도 불구하고 하나님께 기도하는 것이 우선순위요 중요한 일이기 때문에 하는 것입니다. 18절에 "다윗이 여호와 앞에 나아가 가로되"라고 했는데 우리도 하나님 앞에 나아가 기도를 통해서 주시는 하나님의 이적을 이룩할 수 있기를 축원합니다.

3. 다윗의 하나님께서 주신 은혜에 대한 감사의 기도

18절에 "주 여호와여 나는 누구이오며, 내 집은 무엇이관대 나로 이에 이르게 하셨나이까?" 아무리 생각해도 오늘의 축복을 하나님의 은혜 외에는 다른 것으로 설명할 수가 없어서 나는 누구이오며 내 집은 무엇이관대 나로 이에 이르게 하셨나이까 하면서 하나님의 은혜의 크심에 놀라움을 표시하는 것입니다.

4. 다윗의 하나님께 경배하고 찬양하는 기도(22절)

"여호와 하나님이여, 이러므로 주는 광대하시니 이는 우리 귀로 들은 대로는 주와 같은 이가 없고, 주 외에는 참 신이 없음이니이다." 우리의 기도에는 이 경배와 찬양이 부족합니다. 간구가 중심을 이루고 있습니다. 그러므로 우리의 기도에 경배와 찬양을 빠뜨리지 않기를 바랍니다.

5. 이스라엘에게 행하신 기적과 구속에 감사

과거 이스라엘에게 행하신 기적과 구속, 명성과 큰일을 인해서 하나님께 감사했습니다(23절).

이것은 개인적인 감사의 기도가 아니라 국가적인 감사의 기도입니다.

우리는 내가 받은 것만 감사하는 경우가 많습니다. 그것도 필요하지만 좀 더 크게는 하나님께서 우리의 조상들에게 주신 은혜도 잊지 말아야 합니다.

6. 하나님의 축복에 대한 두 가지 간구

29절에 다윗의 그 유명한 하나님의 축복에 대한 두 가지 간구가 나옵니다.

"이제 청컨대 종의 집에 복을 주사 주 앞에 영원히 있게 하옵소서. 주 여호와께서 말씀하셨사오니 주의 은혜로 종의 집이 영원히 복을 받게 하옵소서." 이 끝에 나오는 기도는 많은 가정에 기록되어 있습니다. 우리의 기도에는 이런 확신이 꼭 필요합니다. 왜냐하면 확신이 없는 기도는 결코 응답되지 않기 때문입니다.

다윗이 성공한 것은 그의 기도 때문입니다. 시편은 다윗의 찬양이기도 하지만 중요한 것은 다윗의 기도라는 점입니다. 다윗은 기도의 사람이었습니다. 우리도 기도하여 능력 받고, 능력 받아 성전 짓기를 바랍니다. 우리도 기도하여 능력 받고 능력 받아 사업에 성공하고 승리하는 생활을 할 수 있기를 축원합니다.

달란트 비유

(마25:14-39)

왜 주님은 고난을 앞두고 달란트의 비유를 말씀했을까요?

마지막으로 주고 싶은 말씀이었기 때문입니다. 또 제자들에게 시급한 것이기 때문이었습니다. 그리고 종말을 살아가는 우리들에게도 시급한 말씀이 됩니다. 왜냐하면 종말을 살아가는 자의 자세를 말씀한 것이기 때문입니다.

오늘 본문이 주는 교훈은 무엇일까요?

1. 하나님은 사람마다에게 재능대로 맡기심

지금 우리들은 주님께로부터 무엇인가를 맡고 있습니다. 그 가치를 발견해야 합니다. 여기서는 달란트라고 했습니다. 본래 달란트란 말은 구약시대의 무게의 단위입니다. 한 달란트는 6000데나리온으로 20년 동안의 임금에 해당합니다. 또 달란트라는 말은 재능이란 뜻도 있습니다. 그래서 텔레비전에 나오는 유명한 배우들을 탤런트라고 부릅니다.

우리는 누구를 막론하고 다 하나님께 받았다는 것을 기억해야 합니다. 무엇을 받았을까요?

생명입니다, 믿음입니다, 생명의 말씀, 즉 성경입니다.

왜 사업에다 비유를 했을까요?

그것은 하나님의 나라의 사업에는 창조성이 있기 때문입니다. 우리 성도의 바람직한 자세를 말씀한 것입니다. 장사는 가만히 있어서는 안됩니다. 진취적이어야 합니다. 또 작은 일에도 최선을 다해야 합니다. 장사꾼은 아주 작은 차이점에서 성공이 결정됩니다.

2. 주목해야 할 것은 한 달란트 받은 자의 핑계

그의 문제점은 바로 우리들의 문제점이란 점에서 중요한 의미를 가지고 있습니다.

(1) 한 달란트의 가치를 모름

우리는 하나의 가치를 모릅니다. 우리는 나 한 사람의 가치를 깨달아야 합니다.

(2) 한 달란트를 땅에 감추어 둠

사용하지 않고 감추어 두는 것이 죄인 것을 몰랐던 것이었습니다.

(3) 무례하고 원망 섞인 불평

그런데 그는 "보소서 당신의 것을 받으셨나이다"라고 당당한 것을 보면 나는 내 할 바를 다했습니다. 하고 무례하고 원망 섞인 불평을 하였습니다.

(4) 한 달란트 받은 자의 문제점

주님의 책망에서 우리들은 한 달란트 받은 자의 문제점을 발견할 수 있습니다.

"악하고 게으른 종아." 여기서 악하다는 말은 성가시게 군다, 무가치하다는 뜻입니다. 또 게으른 것도 죄라는 사실을 알아야 합니다.

3. 달란트의 교훈이 주는 가장 중요한 것은?

바로 청지기 정신입니다. 우리는 모두 주님이 주신 달란트를 잘 관리하여 남길 수 있는 부지런한 청지기의 자세를 가져야 합니다.

당나귀 인생

(마21:1-11)

당나귀는 가장 못생긴 동물 중에 하나입니다. 이 당나귀는 본래 소말리아가 원산지입니다만 아브라함 때에 이스라엘에 수입된 것으로 알려져 있습니다.

오늘 본문에는 이 당나귀가 세상의 동물 중에서 가장 큰 영광을 얻은 동물이 된 것입니다.

1. 당나귀가 얻은 영광

(1) 예수님 모시고 찬송을 받았음

물론 당나귀를 향한 찬송은 아니었습니다. 예수님 때문에 덩달아 찬송을 받았던 것입니다.

(2) 예루살렘까지 들어가는 영광

예루살렘에 들어가는 영광이었습니다. 동물은 희생 제물로 바칠 동물만이 들어갈 수 있는 예루살렘을 예수님을 태웠다는 한 가지 이유 때문에 들어간 것입니다.

(3) 성경에 기록되는 영광을 얻음

당나귀는 예수님을 태웠다는 한 가지 이유 때문에 성경에 기록되었습니다. 잘난 것도 없고 능력도 없지만 주님을 태웠다는 이유 오직 하나였습니다.

2. 당나귀가 어떻게 영광을 받았는가?

(1) 매인 것에서 풀렸을 때

매여 산다는 것은 그 한계를 벗어나지 못한다는 말입니다. 그러므로 우리는 매인 것에서 풀려나야 합니다. 그래서 모든 자유가 있는 진리 속으로 나와야 합니다.

(2) 주님한테 끌려와서 쓰임을 받음

동일한 물건이지만 누구에게 쓰임을 받느냐에 따라 그 가치가 변합니다. 주님이 쓰시면 가치가 있고, 주님이 쓰시면 영광을 얻습니다.

(3) 겉옷을 등 위에 얹음

7절에 "자기들의 겉옷을 그 위에 얹으매"라고 했습니다. 옷을 당나귀 위에 얹어야 합니다. 나의 겉옷을 예수님의 안장으로 사용하셔야 합니다. 나는 없어지고 오직 주님의 안장으로 쓰임을 받아야 합니다.

(4) 예수께서 그 위에 타심

"예수께서 그 위에 타시니."

나귀는 예수님이 타야 예루살렘에 들어갈 수 있고, 예수님이 타야 영광을 얻습니다.

우리가 주님을 태워서 예루살렘에 들어가려면 먼저 당나귀처럼 겸손해야 합니다. 본문 5절에 "그는 겸손하여 나귀, 곧 멍에 메는 짐승의 새끼를 탔도다"라고 하였습니다. 겸손하지 않고는 절대로 영광을 얻을 수 없습니다. 우리는 고집밖에는 아무것도 내놓을 것이 없습니다. 그러나 우리가 주님 위해 쓰여지면 우리는 당나귀처럼 큰 영광을 얻을 것입니다.

더 나은 제사는?

(히11:4)

1. 왜 우리는 제사를 드려야 하나?

인간이 범죄함으로 인해서 하나님 앞에 나갈 수 없는 것을 제사를 드림으로 나갈 수 있기 때문입니다. 죄는 인간의 불행을 가져오는 원인입니다. 왜냐하면 하나님과의 관계를 끊어 주는 것이 바로 죄이기 때문입니다. 그러나 제사를 드리면 이것이 해결될 수 있습니다. 그래서 우리는 제사를 드려야 합니다.

2. 무엇이 더 나은 제사인가?

제사는 레위기에 보면 다섯 가지가 있습니다.

그러나 근본적으로 보면 크게 두 가지로 나눌 수 있습니다. 하나는 피의 제사요 다른 하나는 열매의 제사입니다. 문제는 아벨은 피의 제사를 드렸고, 가인은 열매의 제사를 드렸습니다. 그런데 하나님은 피의 제사를 택하였습니다.

그렇다고 가인의 제사가 전적으로 잘못된 것은 아닙니다. 그의 열매의 제사는 감사의 제사였기 때문입니다. 그러나 감사 이전에 서로의 관계가 바로 이루어져야 감사가 통합니다. 이 관계는 피를 통해서 이루어진 용서가 있을 때 바로 이루어질 수 있습니다. 그러므로 가인은 순서를 잘못 택한 것입니다. 속죄의 제사가 없이는 감사도 의미가 없다는 것을 그는 무시했습니다.

창세기에 보면 아벨은 양의 새끼와 그 기름을 드렸다고 했습니다. 누구에게나 첫 열매, 첫 새끼는 다 귀중한 것입니다. 그런데 그것을 아벨은 드렸고, 더욱 중요한 것은 기름을 드렸다고 했습니다. 그런데 레위기에 보면 기름은 하나님께 속한 것이라고 했습니다. 왜 그랬을까요? 기름은 가장 중요한 부분에 속해 있기 때문입니다. 내장과 콩팥과 간에 덮여 있습니다. 그래서 제일 좋은 땅을 기름진 땅이란 말로 표현하고 있습니다.

다음으로 중요한 것은 아벨은 믿음으로 제사를 드렸지만 가인은 믿음 없이 드렸다는 말입니다. 물론 성경에 가인이 믿음 없이 드렸다는 구절은 없습니다. 그러나 아벨의 제사를 믿음의 제사로 규정하고 칭찬한 것을 보면 가인의 제사는 믿음으로 드린 제사가 아니었다는 것을 알 수 있습니다. 문제는 바로 여기에 있습니다.

어떻게 그렇게 생각할 수 있습니까?

아벨이 드린 피의 제사는 장차 있게 될 예수 그리스도의 갈보리 십자가를 예표합니다. 따라서 십자가를 바라보면서 드린 것입니다. 그래서 아벨의 제사는 하나님께서 받으셨고, 가인의 제사는 받지 않으신 것입니다.

3. 더 나은 제사를 드릴 때에 주시는 축복은?

(1) "의로운 자라 하시는 증거를 얻었으니"

하나님 앞에서 의롭게 되고, 의롭게 된 것을 증거해 주십니다. 따라서 우리가 의롭게 된 것은 선행을 행함으로 되는 것이 아니고, 율법을 행함으로 되는 것도 아닙니다. 더 나은 제사인 피의 제사를 드려야 합니다. 믿음으로 말미암아 의롭게 된다는 것은 피의 제사로 의롭게 되는 것과 같은 내용입니다. 그러므로 더 나은 제사인 아벨의 제사는 우리들을 의인으로 만들어 줍니다.

　(2) "그 믿음으로써 오히려 말하느니라"

　물론 아벨은 죽었습니다. 그런 그가 드린 피의 제사는 지금도 진리이고, 현재에도 역사하고, 지금도 영원한 진리가 되어 우리들에게 말씀하고 있습니다.

더 좋아하고

(히11:24-26)

1. 모세의 신앙은 '기득권을 거절'하였다는 데서 알 수 있음

본문에 보면 모세는 바로의 공주의 아들이라 칭함을 거절하였다고 했습니다. 이 세상에서 가장 영광스러운 자리를 거절하였다는 말입니다.

모세는 바로의 딸 공주의 아들로 불리는 것을 거절했는데 우리도 자신의 사회적인 칭호를 좋아하지 않기를 바랍니다.

2. 하나님의 백성과 함께 고난 받음

다음으로 모세의 신앙은 그가 하나님의 백성과 함께 고난 받기를 더 좋아했다는 데서 볼 수 있습니다.

그런데 인간은 그가 무엇을 더 좋아하느냐에 따라 그의 인격을 알 수 있고, 그의 신앙을 알 수 있습니다.

과연 우리가 더 좋아하는 것이 무엇입니까?

세상의 낙입니까? 아직 멀었습니다. 바라기는 모세처럼 하나님의 백성과 고난 받기를 더 좋아할 수 있을 때 우리는 진정한 의미에서 성도라고 할 수 있습니다. 시편 84:10절의 고백이 바로 우리의 고백이 될 수 있기를 바랍니다.

"주의 궁전에서 한 날이 다른 곳에서 천 날보다 나은즉 악인의 장막에 거함보다 내 하나님 문지기로 있는 것이 좋사오니." 이 얼마나 놀라운 신앙입니까? 모세가 바로 그런 신앙의 소유자였기에 그는 위대한 인물이 되었던 것입니다.

3. 모세는 참된 제물이 무엇인가를 앎

모세의 신앙은 그가 '참된 제물이 무엇인가를 알았다'는 데에 있습니다. 모세는 바로의 공주의 아들로 있었기에 재물도 많고, 보화도 많았고 지식도 많았습니다. 그러나 그가 가장 큰 재물로 삼은 것은 '그리스도를 위하여 당하는 능욕'이었습니다. 왜냐하면 하나님 앞에서 상 받을 때 그것이 바로 그 상급의 기준이 될 것을 믿었기 때문입니다.

이것은 모세의 가치관이 변했다는 뜻입니다. 예수 믿으면 가치관이 변해야 합니다. 세상적인 가치관을 그대로 가지고 있으면 예수 믿는다는 것이 다 형식입니다. 그러면 예수 믿으면 어떻게 가치관이 변합니까?

모세처럼 "그리스도를 위하여 받는 능욕을 애굽의 모든 보화보다 더 큰 재물로 여겼으니", 이것이 바른 가치관입니다. 세상에서의 부귀영화만 좋아한다면 예수 믿는 것은 의미가 없습니다.

4. 하나님의 상 주심을 바라보았음

모세의 신앙은 항상 하나님의 상 주심을 바라보았다는 데 있습니다.

"믿음이 없이는 기쁘시게 못하나니 하나님께 나아가는 자는 반드시 그가 계신 것과 또한 자기를 찾는 자들에게 상 주시는 이심을 믿어야 할지니라"(히11:6)고 했습니다. 천국에서 상받기를 기대하지 않는 사람은 진정한 의미에서 신앙인이라고 할 수 없습니다. 하나님의 상 주심을 믿고 날마다 충성해야 하겠습니다.

더 좋은 것을 예비하였은즉

(히11:39-40)

아이들은 더 좋은 것을 주어도 화를 내는 경우가 종종 있습니다. 그것은 더 좋은 것이 어떤 것인지를 모르기 때문입니다. 그런데 성도들도 하나님께서 더 좋은 것을 주셔도 불평하거나 원망할 때가 있습니다.

그러나 우리는 하나님의 판단과 사랑을 믿어야 합니다. 왜냐하면 하나님이 주시는 것이 가장 좋은 것이기 때문입니다.

1. 하나님의 약속은 무엇인가?

성경에 보면 하나님을 '여호와 이레'의 하나님이라고 하였습니다. 하나님이 모든 것을 준비하신다는 뜻입니다. 그러면 하나님은 어떤 것을 예비하십니까? 하나님은 이 세상 우리의 필요한 것을 예비하셔서 누구나 풍성하게 살 수 있도록 했습니다. 그러나 실제로 우리는 현실적으로 풍성한 삶을 살지 못하고 있습니다. 왜냐하면 우리들의 악한 욕심 때문에 그렇습니다. 다음은 황금만능주의라고 하는 우상숭배 때문입니다. 다음은 우리들의 영적 세계에 대한 무관심과 하나님께 대한 불충성 때문입니다. 그러므로 인자의 온 것은 우리들로 하여금 생명을 얻고 더 풍성히 얻게 하려는 것이라는 말씀대로 하나님의 약속대로 우리들에게 더 풍성한 삶이 이루어지기를 바랍니다.

2. 하나님의 약속을 현실화 하는 비결은?

첫째로 믿음입니다.

무엇을 믿습니까? 먼저 하나님의 살아 계심을 믿고, 다음은 하나님의 권능을 믿고, 다음은 하나님의 사랑을 믿고, 다음은 하나님이 지금도 나와 함께 하심을 믿어야 합니다. 무엇보다도 중요한 것은 하나님의 약속을 믿어야 합니다. 그러면 산을 옮기는 역사가 일어납니다.

둘째는 기도의 능력입니다.

기도는 능력이 있습니다. 그러나 그냥 기도한다고 다 응답이 되는 것은 아닙니다. 하나님의 약속을 믿고, 또 기도의 권능을 믿고, 주님의 사랑을 믿으면서 기도할 때에 기도의 권능이 구체적으로 나타납니다.

기도의 능력은 이론에 있는 것이 아니라 행함에 있습니다.

셋째는 기회가 왔을 때에 밀고 나가는 열심히 있어야 합니다.

기회는 하나님이 주시는 신호입니다. 그런데 많은 사람들은 기회가 왔을 때에 주저합니다. 왜냐하면 하나님의 약속을 믿지 못하기 때문입니다. 또 바빠서 관심이 없습니다.

넷째는 참고 기다려야 합니다.

하나님의 시간이나 섭리는 우리들이 생각하는 것과는 다릅니다. 그러기에 우리는 기다릴 줄 알아야 합니다.

더 좋은 언약의 보증

(히7:22-28)

　오늘 본문에서 우리가 계약 즉 언약을 맺을 때에 더 좋은 조건으로 가입을 해야 하는데 바로 우리 예수님은 더 좋은 언약의 보증자가 된다는 것입니다. 22절에 "이와 같이 예수는 더 좋은 언약의 보증이 되셨느니라"고 했습니다.

1. 왜 예수님은 더 좋은 조건의 언약이 되시는가?

　(1) 예수는 영원히 계시기 때문

　24절의 말씀처럼 "예수는 영원히 계시"기 때문입니다. 다른 제사장처럼 죽거나 바뀌는 제사장이 아니라 영원한 제사장이 되시기 때문입니다. 과연 세상에 누가 예수님처럼 영원한 제사장이 있습니까? 없습니다. 그러나 우리 예수님은 영원한 제사장이십니다. 그러므로 주님과 맺은 언약은 영원불변합니다.

　(2) 우리에게 합당한 제사장이기 때문

　26절에 "우리에게 합당한 제사장"이기 때문입니다. 세상에 합당치 못한 것이 얼마나 많습니까? 본문에 보면 예수님이 제사장으로서 합당한 다섯 가지의 조건이 있습니다. 거룩하고, 악이 없고, 더러움이 없고, 죄인에게서 떠나 계시고 그리고 하늘보다 높으시기 때문이라고 했습니다.

(3) 단번에 자기를 드린 제사이기 때문

27절에 "단번에 자기를 드려"진 제사이기 때문입니다.

매번 드리는 제사는 효과 면에서의 차이가 있습니다. 그러므로 주님의 십자가를 통해서 단번에 드리는 제사가 우리들을 구원하시기에 충분하고 영원한 축복을 주시기에 넉넉한 제사인 것입니다.

(4) 언약은 영원히 온전케 되기 때문

28절에 "언약은 영원히 온전케 되신"것이기 때문입니다.

주님이 우리를 위해서 맺은 언약은 일점의 하자도 없는 온전한 언약입니다. 그러므로 주님이 맺는 언약은 영원한 효과를 나타냅니다.

2. 더 좋은 언약에 가입하는 비결은?

(1) 신앙고백이 있어야 함

더 좋은 조건의 언약에 가입하려면 신앙고백이 있어야 합니다.

믿습니다, 예수님을 나의 구주로 영접하는 것입니다. 이것이 바로 주님과의 더 좋은 언약의 가입입니다.

(2) 주님과 관계를 가지고 살아야 함

항상 제사장 되시는 주님과의 관계를 가지면서 살아야 합니다.

요한복음 15장에 말씀하신 '포도나무와 그 가지의 관계'를 갖는 것입니다. 내가 무엇을 하는 것이 아니라 나는 단순히 받아들이고, 줄기 되신 주님이 하시는 대로 따라 가는 것입니다.

(3) 말씀에 순종하며 사는 삶

제사장 되시는 예수님의 말씀을 순종하면서 사는 것입니다.

더 좋은 언약의 중보자 되시는 예수님

(히8:1-6)

우리 하나님은 좋은 것으로 시작해서 다음에는 더 좋은 것을 주시고, 마지막에는 가장 좋은 것을 주시는 분이십니다. 하나님은 점점 더 좋은 것을 예비해 놓으시고 우리를 인도하십니다.

그러면 더 좋은 언약의 중보자가 되신 예수님께서는 무엇을 우리들에게 예비해 놓으셨습니까? 크게 세 가지를 예비해 놓으셨습니다.

1. 완전한 의를 예비해 놓고 기다리심(롬3:19-24).

인간에게 가장 중요한 것은 의롭게 되는 것입니다. 그래야 의로우신 주님을 만날 수 있습니다. 그런데 우리는 아무리 노력해도 그 의는 때 묻은 의입니다. 그래서 인간의 의만 가지고는 하나님 앞에 설 수가 없습니다. 그런데 놀라운 것은 우리 주님께서 완전한 의를 예비해 놓고 기다리십니다. 그저 받아들이기만 하면 됩니다.

어떻게 받아들입니까?

그것은 우리가 믿으면 그것이 바로 받아들이는 조건입니다.

2. 영원한 구원을 보장해 주심(롬8:2,11).

우리가 원하는 것은 구원받는 것입니다. 그런데 구원은 힘써도 안 되고, 선행을 행하여도 안 되고, 율법을 지켜도 안 되고, 오직 예수 그리스도를 통해서만 됩니다. 왜냐하면 예수님만이 완전한 대제사장이 되시기 때문입니다. 그래서 하나님께 나아갈 수 있는 길도 주님이 열어 놓으셨고, 죄의 문제도 주님이 해결해 놓으셨기 때문입니다. 사도행전 4:12절에 "다른 이로서는 구원을 얻을 수 없나니 인간에 구원을 얻을 만한 다른 이름을 우리에게 주신 일이 없음이니라"고 했고 또 요한복음 14:6절에 "내가 길이요 진리요 생명이니 나로 말미암지 않고는 아버지께로 올 자가 없느니라"고 했기 때문입니다.

3. 풍성한 축복을 예비하여 놓으심(딤후2:10).

디모데후서 2:10절에 "구원을 영원한 영광과 함께 얻게 하려 함이로라"고 했습니다. 인간이 가장 원하는 것은 영광입니다. 그러나 이 영광은 축복의 근원이 되시는 하나님을 통해서만 받을 수 있습니다. 그런데 그 영광이 주님을 통해서 전달이 됩니다. 그러므로 더 좋은 중보자가 되시는 주님을 만나시기 바랍니다. 그와 동행하시기를 바랍니다.

더 큰 심판

(약3:1-6)

1. 심판 가운데 더 큰 심판은 어떤 심판입니까?

1절에 "내 형제들아 많이 선생이 되지 말라"고 했습니다.

왜 그랬을까요? 당시 유대인들은 다른 직업보다 선생 즉 랍비를 가장 존경했습니다.

지금도 랍비를 가장 존경합니다. 그래서 랍비가 많은 권위와 존경을 받고 있습니다.

유대인들은 배우는 것을 좋아했습니다. 그래서 누구든지 비록 낯선 사람일지라도 배울 것이 있으면 가르칠 기회를 주었습니다. 그러나 가르칠 것이 없으면서도 랍비가 존경받는 사람이란 이유로 랍비 지망을 하는 사람들이 많았습니다.

이런 생각과 관습은 초대교회 때에 많이 일어났습니다. 복음을 알지 못하면서도 랍비가 존경받는 직업이기 때문에 여기저기에 거짓 교사들이 일어나 다른 복음을 전했던 것입니다.

그래서 본문에서는 존경받는다는 이유만으로 랍비가 되려는 사람들을 경고한 것입니다.

그러나 의무는 생각지 않고, 권리와 영광만 생각하는 것을 경고한 것이지 랍비가 되지 말라는 뜻은 아닙니다.

2. 심판 중에 가장 많은 부분이 혀로 인한 심판

(1) 혀의 영향력

그래서 혀를 세 가지로 예를 들었습니다.

첫째로 혀는 '재갈'과 같다고 했습니다(3절).

여기서 야고보가 강조하는 것은 재갈이 작지만 큰 말을 움직이게 하듯이 혀도 세 치밖에 안 되지만 그 영향력은 말하는 사람의 인격, 그 사람의 삶까지 좌지우지하기 때문입니다.

둘째는 '키'에 비유했습니다(4절).

큰 광풍에 비교할 때에 배의 키는 아주 작습니다. 그러나 배는 키가 없이는 바다 가운데서 표류할 수밖에 없습니다. 마치 자동차의 운전대와 같은 것입니다.

셋째는 '불'에 비유했습니다.

작은 불씨 하나가 삽시간에 한 마을이나 산 전체를 태울 수 있습니다.

(2) 1절이 주는 교훈은 무엇인가?

첫째 말씀을 혼잡하게 하는 죄가 얼마나 크다는 것을 말씀하고 있습니다.

그런 점에서 목회자들의 심판은 더 큽니다. 더구나 성경을 잘못 가르치거나 교리를 잘못 주장하면 이단이 되는 것은 말할 것도 없고, 수많은 영혼들에게 쑥을 주어 죽게 합니다. 그래서 더 큰 심판을 받게 됩니다.

갈 1:8절에 "다른 복음을 전하면 저주를 받을 지어다"라고 했습니다.

고후 2:17절에 "우리는 수다한 사람과 같이 하나님의 말씀을 혼잡하게 하지 아니하고"라 했습니다.

둘째 교회에서 직분을 가지면서 감당 못 할 때에 오는 책임이 크다는 것입니다.

셋째 혀를 통해서 남들에게 폐를 끼치는 불이 되지 말고, 또 불의의 세계가 되지 말아야 합니다.

더 확실한 예언

(벧후1:19-21)

오늘 본문에 보면 우리에게는 체험보다, 지식보다 더 확실한 예언이 있다고 했습니다. 그것은 바로 '하나님의 말씀'입니다. 그래서 우리는 성경을 '카논'이라고 하는데 그 뜻은 '갈대', '자'라는 의미입니다. 그것은 성경이 우리의 믿음과 생활의 표준이 되기 때문입니다. 모든 것을 재는 자가 되기 때문입니다. 그러면 성경은 어떤 책이며 어떻게 해석해야 합니까?

1. 성경의 효능은?

(1) "어두운 데 비취는 '등불'과 같으니"

시 119:105절에 보면 "주의 말씀은 내 발의 등이요, 내 길에 빛입니다."라고 했습니다. 따라서 하나님의 말씀대로 걸어가면 우리는 길을 잃지 않고 시온의 대로를 걸어갈 수 있습니다. 그렇지 않으면 길을 잃고 맙니다.

(2) 샛별이 마음에 떠오르기까지

"날이 새어 '샛별'이 너희 마음에 떠오르기까지 너희가 이것을 '주의하는 것이 가하니라'" 샛별은 바로 예수 그리스도입니다. 날이 새는 것은 언제입니까? 주님의 재림의 날입니다. 그때까지 우리는 하나님의 말씀을 주의하는 것이 가하니라고 했습니다. 다시 말하면 말씀을 볼 때에 기독론적인 성경해석을 하고, 그리스도 중심의 해석을 하고, 그 말씀을 중심한 삶을 살 것을 말씀하고 있습니다.

2. 먼저 알 것은?

20절에 보면 "'먼저 알 것'은 성경의 모든 예언은 '사사로이 풀 것'이 아니니"라고 했습니다. 왜 이 말씀을 했을까요? 그것은 당시 성경을 사사로이 풀다가 이단이 된 사람들이 많이 일어났기 때문입니다. 다시 말하면 성경해석을 바로 해야 한다는 뜻입니다. 그래서 가톨릭교회에서는 성경을 개인들이 해석하지 못하도록 했습니다. 오직 교황만이 해석을 할 수 있었습니다. 그러나 그것은 성경적이 아닙니다. 우리는 다 성경을 해석할 수 있습니다. 다만 방법이 바로 되어야 합니다. 한 마디로 말씀해서 '성경은 성경으로 풀어야' 합니다. 사사로이(자기의 경험이나 지식 안에서) 풀 때에 우리들은 이단에 빠지기 쉽습니다.

그러면 어떻게 할 때에 우리들이 성경을 바로 해석할 수가 있습니까? 성경은 구약에는 뿌리가 있고, 신약에는 열매가 있기 때문에 해석할 때에 '구약을 신약으로 해석해야' 합니다. 좀 더 정확하게는 모든 성경에서 '그리스도를 중심으로 해석'해야 합니다. 이것을 기독론적 성경 해석이라고 말합니다. 어떤 구절이든지 거기서 예수 그리스도를 중심으로 해석하고, 그리스도를 만나야 하고, 그리스도의 음성을 들어야 한다는 말씀입니다.

3. 성경의 본질을 살펴 봄

21절에 보면 성경의 본질에 대해서 말씀하고 있습니다. "예언은 언제든지 사람의 뜻으로 낸 것이 아니요, 오직 성령의 감동하심을 입은 사람들이 하나님께 받아 말한 것임이니라."

성경의 영감에 대해서 몇 가지의 견해가 있습니다. 기계적 영감론(인간의 정신은 중단된 체 기계적으로 기록)이 있습니다. 다음은 동력적 영감론입니다. 성경의 영감은 인정하지만, 그러나 인간의 지적, 영적 지각력을 고도로 심화시켜 기록했다는 것입니다. 마지막으로 유기적 영감론이 있습니다. 여기서는 세 가지를 인정합니다. 신적 요소와 인적 요소가 서로 협력하고 있다는 것, 기록자가 참고 자료를 활용하였다는 것, 인간의 재능을 활용하였다는 것, 그래서 문체도 다르고, 용어도 다르다는 것을 인정합니다. 우리는 유기적 영감론을 받아들여야 합니다.

그러면 이 성경의 영감이란 말은 무슨 뜻입니까? 딤후 3:16절의 말씀에서 온 것입니다. 이것은 성경이 하나님의 창조적인 숨결의 산물이란 뜻입니다. 마치 아담을 창조하실 때에 코에 입김을 불어넣은 것처럼 성경의 기록자들 마음속에 입김을 불어넣었다는 뜻입니다. 그래서 성경에는 하나님의 뜻이 오류 없이 계시가 되어 있습니다. 그러므로 성경은 우리의 믿음과 생활의 절대 무오한 표준입니다.

이제 우리는 하나님께 감사해야 합니다. 왜냐하면 우리들에게 성경을 주셨고, 살아있는 말씀 자체인 그리스도를 주셨기 때문입니다. 그러므로 오늘도 이 말씀을 주신 것을 감사하면서 이 말씀을 붙들고 살아야 합니다. 이 말씀대로 살아야 합니다. 그런 축복이 모두에게 함께 하시기를 축원합니다.

덕을 세우는 삶

(롬15:1-3)

1. 당시 교회가 당면한 문제

본문의 배경인 당시 교회가 당면한 문제를 먼저 살펴보겠습니다.

그것은 '아디아포라' 문제였습니다. 아디아포라는 '아무래도 좋다'는 뜻인데, 교회의 의식과 생활 가운데 하나님께서 직접 명하시거나 금하지 않은 것들, 즉 아무래도 좋은 것들을 아디아포라 라고 불렀습니다.. 예를 들면 취미생활이나 음식은 바로 아디아포라입니다. 그런데 이 음식이 문제가 된 것입니다. 고기를 먹을 것이냐 말 것이냐 하고 문제가 된 것입니다.

물론 음식문제는 소위 아디아포라입니다. 그러나 중요한 것은 그것이 도덕상으로 옳은 것이냐 하는 관점에서 보고, 결정해야 합니다. 당시 교회들이 분쟁에 시달린 것은 아무것도 아닌 하찮은 것을 가지고, 자기 생각만 하고 서로 싸웠기 때문입니다.

2. 덕의 종류

덕이라고 할 때 보통은 '공정하고 포용성이 있는 마음이나 품성'을 뜻하는 말로 사용합니다. 그런데 여기서 '덕'이라는 말은 본래 '집을 세운다'는 뜻입니다. 다시 말하면 교회라는 공동체를 세우고 성장케 하도록 하는 행동을 덕이라고 불렀습니다. 우리 신자들은 힘들고 고달파도 자신의 신앙의 유익은 물론 교회를 위해서 신앙의 덕을 세워야합니다.

(1) 선행의 덕을 세워야

자녀들은 부모들의 인격을 반영하듯이 성도들의 행동은 하나님의 인격과 성품을 반영합니다. 그러므로 생활 속에서 악을 버리고 선을 드러내야 합니다.

(2) 섬김의 덕을 세워야

주님은 내가 섬김을 받으러 온 것이 아니요 섬기러 왔노라고 하면서 제자들의 발을 씻어 주셨습니다. 이것이 바로 섬김의 덕입니다. 섬김이 있는 곳에는 화합이 있고, 평화가 있습니다.

(3) 사랑의 덕을 세워야

주님은 십자가에서 자신을 내어줌으로 참 사랑을 실천하였습니다. 주님은 원수까지도 사랑하셨습니다. 그러므로 우리는 사랑의 덕을 통해서 우리가 주님의 제자인 것을 보여주어야 합니다.

(4) 절제의 덕을 세워야

절제의 덕이란 감각적 쾌락을 조절해주는 것을 말합니다. 먹고 싶어도 그만 먹고, 놀고 싶어도 절제하는 것을 말합니다.

(5) 언어의 덕을 세워야

사람들의 입은 언제나 저주가 가득 차 있습니다. 원망과 불평이 가득 차 있습니다. 그러므로 성도들은 입을 깨끗이 해야 합니다. 성령의 숯불로 더러워진 우리의 입을 깨끗이 해야 합니다.

3. 덕을 세우는 원리

(1) 남을 용납하고 그 짐을 담당해야

남을 용납하고, 그들의 짐을 담당해야 한다고 했습니다.

육체적으로 약자의 연약함을 감당해야 하고, 물질적으로 약자의 부족함을 감당해야 하고, 정신적으로 약한 자의 약한 기질을 감당해야 합니다.

(2) 남과 이웃을 기쁘게 해야

자기를 기쁘게 하는 것이 아니라 남을, 이웃을 기쁘게 해야 합니다.· 오늘날 믿는 사람들의 삶의 원리가 무엇입니까?

모든 사람들은 나를 위하여, 또 하나님은 우리를 위하여 존재한다는 것입니다. 그래서 이기심을 가지고 삽니다. 그러나 이기심은 십계명의 다섯째부터 열 번째까지 여섯 가지의 모든 계명을 어기는 것임을 알아야 합니다.

그러면 주님의 원리는 어떻습니까?

3절에 보면 "그리스도께서 자기를 기쁘게 하지 아니하셨나니"라고 하셨습니다. 그래서 바울은 "그런즉 우리는 거하든지 떠나든지 주를 기쁘시게 하는 자 되기를 원하노라"(고후5:9)고 하였습니다.

(3) 자기 유익만 구하지 말아야

자기의 유익을 구하지 말아야 합니다.

고전 13:5절에 보면 "자기의 유익을 구치 아니하며"라고 하였습니다. 하나님이 중심이 되고, 나는 원의 한 점으로 생각할 때 우리는 자기중심에서 벗어날 수 있습니다.

덕을 세우는 일

(롬14:19-23)

　교회의 일은 '덕을 세우는 것이 가장 중요'합니다. 물론 능력도 중요하고 충성도 중요합니다. 그러나 교회의 일에는 덕이 가장 중요합니다. 왜냐하면 혼자서 사는 것이 아니기 때문입니다. 그러나 교회에서 보면 대부분의 사람들은 '자기 소견에 옳은 대로 행하였던 사사시대처럼' 자기가 표준이 되는 경우가 많습니다. 교회에서 문제가 되는 것은 근본적인 것이 아니고, '아디아포라'(중요하지 않은 것)가 초대교회에 문제가 되었던 것처럼 지금도 별것도 아닌 것을 가지고 다투는 것입니다. 덕을 세우는 것이 더 중요하다는 것을 모르고 있기 때문입니다.

　바울 사도는 14장 초두에서 아디아포라의 문제에 관하여는 신앙양심에 맡기고 판단하지 말라는 소극적인 교훈을 주었습니다. 그러나 여기는 보다 적극적인 교훈으로 말씀하고 있습니다.

1. 왜 아디아포라가 문제인가?

　그러면 왜 '아디아포라'와 같은 이런 별것도 아닌 문제들이 교회와 교계에서 문제가 되고 있는가?

　(1) 구태를 버리지 못함 때문

　옛 사람의 잔재물을 완전히 '버리지 못하고 있기 때문'입니다.

　세상 사람들의 원리는 '권력 싸움'에 있습니다. 이것은 교회 안에서도 없지 않습니다.

(2) '자기 생각대로' 하기 때문

자기의 경험이 표준이고, 자기의 생각이 표준입니다. 사사시대의 표준이 바로 "사람이 각각 그 소견에 옳은 대로 행하였더라"는 것이었는데 그것이 지금도 표준이 되고 있습니다.

(3) 큰 것을 보지 못하기 때문

작은 것에 얽매여서 '큰 것을 보지 못하기 때문'입니다.

눈앞에 있는 것만 보다가 보면 큰 문제를 보지 못할 때가 있습니다. 손으로 눈을 가리면 손이 온 세계보다 크게 보이는 것과 같은 원리입니다.

2. 주님이 원하시는 것은?

(1) 서로 화평하라

먼저 다른 사람들과 '화평의 일'을 도모하는 것입니다.

우리의 화평은 첫째로는 종적으로 하나님과 화평을 이룩해야 합니다. 하나님과의 화평은 죄의 문제를 해결하면 옵니다. 그래서 우리들에게 십자가가 필요하고, 주님의 보혈이 필요합니다. 다음은 이웃과의 화평이 이루어져야 합니다. 이 횡적인 화평이 없기 때문에 전쟁이 계속되고 있습니다. 다음은 자신과의 화평이 이루어져야 합니다. 자신과의 화평은 자기를 용서하지 못하는 '완벽주의'에서 오고, 다음은 '자족하는 생활을 못할 때' 옵니다.

(2) 덕을 세우라

오늘 본문에서 강조하는 것은 바로 덕을 세우는 일입니다. 무엇이 덕을 세우는 일입니까? 덕을 세운다는 말은 무슨 뜻입니까? 원문에 보면 'oikodomes', 즉 '집을 세운다, 건축한다'는 뜻입니다. 교회는 두 가지

면에서 건축합니다. 하나는 우리가 했던 것처럼 외형적인 집을 짓는 것입니다. 그러나 또 다른 면이 있습니다. 그것은 영적으로 교회를 지어가는 것입니다. 그것은 성도들이라는 벽돌로 세워 가는 것입니다. 문제는 그냥은 서로 붙지를 않습니다. 성격도 다르고, 생각도 다르고, 관심도 다르기 때문입니다. 그래서 서로를 붙일 수 있는 '시멘트가 필요'합니다. 서로 떨어진 것을 붙게 해야 하는데 그것은 주님의 사랑이란 시멘트로만 붙게 됩니다. 교회에는 서로 이질적인 사람들이 모였기 때문에 서로 이해하고, 하나 되게 만들어야 합니다. 그것이 바로 덕을 세우는 일입니다. 덕을 세운다는 말은 교회를 세운다는 뜻입니다. 그러려면 서로 절제할 줄 알아야 하고, 좌로나 우로나 치우치지 않고, 중용을 취해야 하고 남을 높게 여기는 겸손을 가져야 합니다.

(3) 거리끼고 자책하지 말라

'거리끼는 것'(21절)과 '자책이 되는 것'을 피해야 합니다(22절).

좀 좋지 않은 말이지만 제가 항상 교훈으로 삼는 말씀이 있습니다. 그것은 똥은 무서워서 피하는 것이 아니라 더러워서 피하는 것이라는 말씀입니다. 우리 사람에게는 양심이란 것이 있습니다. 이 양심은 우리들에게 주신 하나님의 표준이요 말씀입니다. 물론 우리의 양심이 선악과를 따먹은 후부터는 그 양심은 깨어지고 부서져서 제 기능을 발휘하지 못하고 있습니다. 그러나 역시 우리들에게는 양심이란 가죽이 그래도 남아 있기 때문에 고장난 것이기는 하지만 때로는 역사를 합니다. 그러므로 양심에 가책이 되지 않도록 살아야 합니다. 그러려면 거리끼는 것이나 자책이 되는 것은 피해야 합니다.

(4) 모든 것을 믿음으로 해야(23절).

롬 12:10~13절에 보면 성도의 삼대 덕을 말씀하고 있습니다. 첫째

는 소망 중에 즐거워하는 것이고, 둘째는 환란 중에 참는 것이고, 셋째
는 항상 기도에 힘쓰는 것입니다. 이런 것을 하려면 믿음이 중요합니다.
"믿음으로 좇아 하지 아니하는 모든 것이 죄니라"고 했기 때문입니다.
그러면 믿음으로 좇아야 한다는 것이 무엇입니까? 믿음을 표준으로 하
는 것을 말합니다. 믿는 대로 하는 것을 말합니다. 믿음으로 한다는 말
을 구체적으로 말하면,

　첫째로 나를 의롭게 하는 것은 '오직 예수', 즉 예수님밖에는 없다는
　　　것을 믿는 것을 말합니다. 율법을 행함으로 의롭게 되려고 하
　　　고, 선행을 행함으로 의롭게 되려고 하고, 교회의 봉사를 통해
　　　서 의롭게 되려고 하는 것이 바로 믿음으로 좇아야 하는 삶입
　　　니다.

　둘째로 하나님 중심으로 하지 않는 것은 믿음으로 좇아하지 않는 것
　　　입니다. 쉽게 말하면 하나님 중심이 바로 믿음으로 사는 것입
　　　니다.

　셋째로 하나님의 은혜만을 바라보는 것이 바로 믿음으로 행하는 것입
　　　니다. 오직 은혜가 믿음으로 좇아 행하는 것입니다.

도덕적 해이함의 문제점

(고전5:1-5)

고린도전서 5장과 6장에서는 네 가지 중요한 도덕적 문제를 다루고 있습니다. 오늘 본문에서는 근친상간의 문제점을 다루고 있고, 6장에서는 신자들의 법정 소송 문제, 불의한 자들에게 대한 문제, 몸의 남용문제 등을 다루고 있습니다.

1. 고린도 교회의 특징

고린도 교회는 이방사람들이 많았습니다. 고린도 교인들은 과거에 이방인으로서 살아왔던 나쁜 관습에 젖어 있었기 때문에 신자가 된 후에도 그것을 버리지 못하였습니다. 그 중에 하나가 성도덕의 문제점이었습니다. 그 중에서도 바울은 여기서 '그 아비의 아내를 취하'는 문제를 다루고 있습니다.

그러나 이것은 자기를 낳은 어머니를 범하였다는 뜻은 아닙니다. 어머니가 죽고 재혼했거나 아니면 아버지가 첩을 얻었는데 아버지가 죽은 후에 함께 살거나 범하는 경우를 말합니다.

구약에서도 보면 르우벤이 아버지의 첩이었던 빌하를 범함으로 장자권을 상실한 것을 우리는 볼 수가 있습니다. 바로 그런 경우입니다. 그러면 교회 안에서 이런 일이 일어났을 때에 교회는 그냥 무시할 것인가? 아니면 하나님께서 해결해달라고 하나님께 맡길 것인가? 아니면 교회에서 어떤 조치를 취해야 할 것인가? 오늘 본문에서는 이 예민한 문제를 다루고 있습니다.

솔직히 음행의 문제는 증거가 분명치 않은 경우가 많고 감정이 개입되는 아주 예민한 문제이기 때문에 잘못하면 형제를 잃을 뿐 아니라 교회 전체에 큰 시험이 됩니다.

그런데 고린도 교회의 문제점은 음행을 범하면서도 교만할 뿐 아니라 자신의 죄를 통한히 여기지 않았다는 데 있습니다. 다윗처럼 하나님의 마음에 합한 사람도 음행을 했습니다. 사회에서는 행위 자체만을 다루지만 교회에서는 더 중요시하는 것은 회개를 했느냐 아니냐에 있습니다.

3-5절에서는 어떻게 이런 형제들을 처리할 것인지를 언급하고 있습니다. 근친상간은 이방인 중에라도 없다고 지적합니다. 불신자들도 교양이 있다면 이런 죄를 범하지 않습니다.

그러나 고린도 지방은 성적으로 너무도 타락하고 문란한 곳이어서 이런 문제를 별로 이상하게 여기지 않았습니다. 그러면 바울이 이 문제를 어떻게 알았을까요? 누가 보고한 것일까요? 아닙니다. 고린도 교회에서는 다 알고 있는 문제였다는데 문제의 심각성이 있습니다. 교회는 검사도 경찰도 아닙니다.

그래서 남을 정죄해서는 안 됩니다. 그러나 누구나 다 알고 있는 죄를 그냥 넘기면 이 음행은 누룩처럼 번집니다. 나중에는 잘못된 것이 표준이 됩니다. 그래서 바울은 6절에서 "적은 누룩이 온 덩어리에 퍼지는 것을 알지 못하느냐"고 책망하고 있습니다.

2. 음행이 왜 그처럼 큰 죄인가?

하나님이 가장 싫어하는 것, 즉 가증히 여기는 것은 우상숭배였습니

다. 그런데 우상숭배는 영적 음행입니다. 우리는 다 그리스도의 신부인
데 그 신랑 외에 다른데 상관하고 관계를 가지는 것이 바로 우상숭배입
니다. 그런데 이 영적 음행인 우상숭배는 육적 음행과 깊은 관계를 가
집니다.

그래서 구약시대에는 바알 신을 가장 가증히 여겼던 것입니다. 신약
시대의 우상은 탐욕입니다.

눈에 보이는 형상보다 안 보이면서 우리를 지배하는 탐욕은 더 무서
운 것입니다. 그러므로 육신의 정욕과 안목의 정욕과 이생의 자랑을 멀
리해야 합니다.

3. 치리의 중요성

칼뱅은 치리가 있는 교회만이 참으로 산 교회라고 지적하였습니다.
치리가 없다는 것은 교회가 교회답지 못하다는 뜻입니다. 그것은 누구
를 정죄하기 위해서가 아니라 교회의 표준만은 분명하게 제시해야 하
고, 더욱 중요한 것은 사랑의 매를 사용하지 않을 때에는 영적으로 해
이하여지고, 나중에는 하나님 무서운 줄 모르기 때문입니다. 치리는 크
게 두 가지 경우입니다.

첫째로 교회를 분열시키거나

둘째로 이단을 조장할 때는 성경대로 치리할 것입니다.

문제는 교회가 이런 일들을 그냥 용납할 때에 전도의 길이 막힌다는
점입니다. 또 그 누룩이 번지기 때문입니다. 그래서 2절에 보면 "그 일
행한 자를 너희 중에서 물리치지 아니하느냐"고 했습니다.

13절에서는 "이 악한 사람은 너희 중에서 내어좇으라" 즉 출교시키라
는 것입니다. 교회 밖으로 내보내라는 것입니다. 이것은 두 가지의 이
유가 있기 때문입니다.

첫째는 교회의 권위를 보여주고 사회를 향해서 교회가 증거하기 위해서입니다.

둘째는 교인들에게 음행의 무서움을 깨닫게 하여 다시는 그런 죄를 짓지 않게 하기 위해서입니다.

그러나 더 심각한 것은 하나님과 함께 있을 수 없습니다. 함께 동행할 수가 없습니다. 그래서 레위기 11:45절에서 "내가 거룩하니 너희도 거룩할지니라"고 한 것입니다.

독수리같이 새롭게 하시는 하나님

(시103:1-5)

1. 왜 우리는 신앙이 냉랭할까?

왜 우리의 삶에 감사와 감격을 상실하고 있습니까?

이유는 간단합니다. 잊어서는 안 될 하나님의 은혜를 망각한 까닭입니다. 본문 2절에는 "그 모든 은택을 잊지 말지어다"라고 하였습니다. 은혜와 감사는 하나님의 은택을 기억하는 데서 오는 것입니다.

2. 우리가 망각한 하나님의 은혜는 무엇인가?

(1) 죄 사함의 은혜

3절에 보면 "저가 네 모든 죄악을 사하시며"라고 했습니다. 그런데 우리는 잊고 있습니다. 사실 우리가 하나님의 용서를 받지 못하면 다른 것을 아무리 많이 받아도 아무 소용이 없습니다. 죄의 결과는 사망이기 때문입니다.

(2) 병을 고쳐주시는 것

"저가 네 모든 병을 고치시며"(3절). 중요한 것은 이것이 육적인 병에 대한 것입니다. 최근 과학이 발달하고, 의학이 많이 발달했음에도 불구하고 병이 많은 이유는 영적인 데 있습니다. 그러므로 약만으로는 해결이 안 됩니다. 그런데 주님은 네 모든 병을 고치신다고 했습니다. 이것은 근원적인 고치심입니다.

(3) 구속하여 주신 은혜

이것은 위험과 죽음으로부터 우리를 구원하여 주셨다는 말입니다. 4절에 보면 "저가 네 생명을 파멸에서 구속하시고"라고 했습니다.

(4) 대관식의 은혜

"저가 인자와 긍휼로 관을 씌우시며"(4절)라고 했습니다. 여기서 관을 씌우신다는 것은 하나님께서 자녀들을 왕들로 세워주신다는 말입니다.

(5) 우리에게 주시는 만족함

5절에 "저가 좋은 것으로 네 소원을 만족케 하사"라고 했습니다. 인간의 만족은 소원이 이루어질 때에 옵니다.

(6) 우리를 독수리같이 새롭게 해주심

5절에 "네 청춘으로 독수리같이 새롭게 하시는 도다"라고 했습니다. 성경에서 말하는 새롭게 하신 다는 것은 시간적인 의미가 아니라 질적인 것을 의미합니다. 독수리는 젊음과 능력의 상징입니다. 그리고 독수리는 태양을 응시할 수 있는 유일한 새입니다. 그래서 요한복음을 독수리 복음이라고 합니다. 그리고 폭풍우 속에서도 창공을 나는 힘이 있습니다. 혹시 우리 가운데 높이 날지 못하고 불평이나 하는 참새 성도들이 있으면 안 됩니다.

3. 우리는 어떻게 해야 할까?

(1) 은택을 잊지 말아야

하나님의 은택을 잊지 말아야 합니다.

(2) 여호와를 송축해야

"내 영혼아 여호와를 송축하라"고 했습니다.

하나님이 가장 원하는 것은 바로 송축하는 일입니다.

그러면 어떻게 송축합니까?

무엇보다도 영혼으로 찬양해야 합니다. 왜냐하면 "내 영혼아 여호와를 송축하라"고 했기 때문입니다. 다음은 1절에 "내 속에 있는 것들아 다 그 성호를 송축하라"고 했습니다. 이 말은 영적인 모든 것을 가지고 찬양하라는 말입니다. 찬양은 하나님께 드리는 최고의 감사입니다.

(3) 독수리처럼 높이 날아야

끝으로 중요한 것은 독수리처럼 낮은데 처하지 말고, 날마다 태양을 향해 높이 날 뿐만 아니라 독수리가 깃털을 새롭게 하듯이 우리의 삶이 더럽지 않게 날마다 새로워져야 합니다.

돌아서게 하면

(약5:19-20)

오늘의 요절은 20절입니다. 다른 사람을 돌아서게 하면 허다한 죄를 덮는다는 것입니다. 누구의 죄를 덮는다는 뜻입니까?

본문에 보면(20절) 다른 사람들을 돌아서게 할 때에 용서함을 받는다고 했습니다. 본문에는 크게 세 가지의 교훈을 주고 있습니다.

1. 미혹의 영이 사람을 미혹함

지금은 미혹의 영이 많은 사람을 미혹하고 있다고 했습니다.

사실 교회는 많으나 교회다운 교회는 많지 않습니다. 그리고 미혹의 영은 적그리스도의 모습으로 나타나기도 하지만 더 무서운 것은 양의 모습으로 나타난다는 점입니다. 교회는 그리스도가 없으면 교회가 아닙니다. 그리스도는 사랑이요 진리입니다. 그런데 지금 미혹의 영은 신비주의의 모습으로 나타나기도 하고, 새로운 옷을 입은 기독교의 모습으로 나타나기도 합니다. 그러므로 우리는 조심하고, 주의해야 합니다.

2. 미혹의 영에 빠진 사람을 돌아서게 함

우리가 미혹의 영이 많은 사람을 미혹하는 것입니다.

돌아서게 하면 돌아선 사람의 죄가 용서함 받는 것은 말할 것도 없고, 돌아서게 하는 우리 자신의 죄도 용서함을 받는 다는 것입니다.

다른 사람들을 돌아서게 하는 방법으로는 전도를 통해서 할 수 있습니다, 간증을 통해서 할 수 있습니다. 교회로 인도함으로써 할 수 있습니다. 낙심한 자들을 위로하고, 인도함으로 할 수 있습니다.

3. 낙심한 자를 돌아서게 한 자의 축복

낙심한 자를 돌아서게 하는 자의 축복을 말씀하고 있습니다.

놀라운 것은 마 6:15절에 "너희가 사람의 과실을 용서하지 아니하면 너희 아버지께서도 너희 과실을 용서하지 아니하시리라"고 했습니다. 이것은 기독교의 황금률이라고 할 수 있습니다. 남을 용서하지 않는 사람은 하나님의 용서를 믿지도 않고 받아들이지도 않기 때문입니다.

우리는 전도도 해야 하지만 잃은 양들을 다시 찾아야 합니다. 소위 잃은 양 찾기 운동을 해야 합니다. 그럴 때 하나님께서는 기뻐하시고 우리들의 죄도 용서하여 주신다고 하셨습니다.

두려움의 철학

(행22:22-30)

1. 왜 인간은 두려워하는가?

(1) 범죄로 인해 두려워함

아담과 하와가 선악과를 따먹은 후에 온 것이 두려움이었습니다. "내가 벗었으므로 두려워하여 숨었나이다"(창3:10).

(2) 문제 해결 능력이 없음

문제를 '해결할 힘이 우리에게 없기 때문에' 두려워합니다

(3) 죽을까 두려워함

베드로가 왜 계집종 앞에서 거짓말을 하고 주님을 부인했는지 아십니까? 죽음이 두려웠기 때문입니다.

(4) 실패가 두려워서

우리가 어떤 일을 시도하지 못하는 것은 실패하면 어떻게 하나 하는 두려움 때문입니다.

그러나 실패를 해도 포기하지 않는 한 그것은 결코 실패가 아니라 과정일 뿐입니다. 그러나 포기하면 그것은 실패입니다. 그러므로 실패를 두려워할 필요가 없습니다. 과정으로 보고 계속 도전하시기를 바랍니다.

2. 두려움의 결과는 무엇인가?

(1) 자기 능력 발휘를 못함

자기가 가지고 있는 능력마저 발휘하지 못합니다.

(2) 숨기려다 범죄

두려워 숨기려다가 더 큰 죄를 짓게 됩니다.

다윗이 그랬습니다. 밧세바와 음행을 저지르고 난 후에 두려워서 그것을 숨기려고 하다가 더 큰 살인을 하고 말았습니다. 숨기려고 하면 나중에는 정말 수습 못할 큰 죄를 짓게 됩니다.

(3) 염려로 인해 더 큰 불행을 당함

근심, 걱정, 염려로 인해 더 큰 불행을 가져옵니다.

제 2차 대전 때 미군이 약 30만 정도 전사했습니다. 그런데 그 가족들은 걱정이 되고 두려워 심장마비나 스트레스로 인해서 거의 백만에 가까운 사람이 죽었다고 합니다.

3. 두려워할 것과 두려워하지 않을 것은?

(1) 우리가 정말 두려워 할 것은 무엇인가?

첫째 하나님을 두려워해야 합니다.

둘째 죄짓는 것을 두려워해야 합니다.

셋째 장차 있게 될 하나님의 심판을 두려워해야 합니다.

넷째 기회의 상실을 두려워해야 합니다.

(2) 두려워해야 할 필요가 없는 것

그러나 우리가 두려워해야 할 필요가 없는 것이 있습니다.

첫째 어려운 현실을 두려워할 필요가 없습니다. 하나님이 우리와 함께 계시면 능히 해결 할 수 있기 때문입니다.

둘째 사람을 두려워할 필요가 없습니다. 마 10:28절에 "몸은 죽여도 영혼은 능히 죽이지 못하는 자들을 두려워하지 말고."라고 하였습니다.

셋째 죽음을 두려워할 필요가 없습니다. 믿는 사람에게 죽음은 천국에 들어가는 현관문이기 때문입니다.

넷째 사탄을 두려워할 필요가 없습니다. 우리는 혼자가 아닙니다. 우리 안에 사탄을 이기신 주님이 함께 계시기 때문입니다.

4. 두려움을 극복하는 비결은?

(1) 가장 중요한 비결은 믿음을 갖는 것

믿음을 가지면 두려움은 도망을 갑니다.

(2) 주님과 동행하는 것

성도들은 주님과 함께 하면 두려울 것이 없습니다.

(3) 기도하는 것

기도는 모든 것을 가능하게 만드는 신비한 무기입니다. 그래서 기도하시면 두려움이 사라집니다.

(4) 영원한 소망을 갖는 것

인간은 희망이 있을 때에는 두려움이 없어집니다. 그러나 희망이 없을 때에 두려움이 생기는 것입니다.

(5) 사랑은 모든 두려움을 내어 쫓음

요일 4:18절에 "사랑 안에 두려움이 없고"라고 했습니다. 어머니가 아이를 위해서 철로에 몸을 던질 수 있는 것은 사랑안에 두려움이 없기 때문입니다.

미리 준비하자

(고후 9:1-5)

오늘 본문에 보면 바울은 고린도 교회에 보내는 편지에서 미리 준비하라고 권면했습니다. 그것은 연보에 관한 것이었습니다. 당시 예루살렘 교회는 가난하여 큰 어려움을 당하고 있었습니다. 그래서 바울은 고린도교회에 그들을 위한 구제금을 거두어 사랑의 빚을 갚자고 했습니다. 그러면서 미리 준비하라고 했습니다.

1. 미리 준비 시킴

왜 미리 준비하라고 했나요?

(1) 부끄러움을 당할까 조심

4절에 "부끄러움을 당할까 두려워하노라"는 말씀처럼 부끄러움을 당하지 않기 위해서입니다.

(2) 준비는 문제해결을 가볍게 함

미리 준비하면 그 일이 일어나지 않고 일어난다 해도 힘들지 않게 해결할 수 있기 때문입니다.

(3) 내일을 위해 오늘 준비

오늘 준비하지 못한 사람은 내일에는 더욱 준비되어 있지 않기 때문입니다.

(4) 재림에 대비한 준비

주님의 재림은 기름 준비하지 않은 자는 절대로 들어갈 수 없기 때문입니다.

2. 무엇을 미리 준비해야 하는가?

(1) '내일 일을 위해' 준비해야 함

아브라함 링컨은 '나는 공부를 해서 준비하고 있겠다. 그러다 보면 내 기회가 올 것이다'라고 했습니다. 물론 준비물은 사람마다 다를 것입니다. 지식을 준비하는 사람도 있고, 돈을 준비하는 사람도 있고, 성령의 기름을 준비하는 사람도 있을 것입니다.

(2) 죽음에 대해 준비해야 함

세상에 가장 확실한 것은 출생이 있으면 반드시 죽음이 있는데 그런데 불행하게도 많은 사람들은 죽음에 대비한 준비를 하지 않는다는 점입니다. 그래서 전혀 준비 없이 죽음으로 인해 세상일도 버리지만 영적으로 구원받을 대책 없이 죽어 지옥 가는 경우를 볼 수 있습니다.

(3) 혼인 잔치를 위한 준비

어린양의 혼인 잔치를 위해서 준비해야 합니다.

마 24:44절에 "이러므로 너희도 예비하고 있으라. 생각지 않은 때에 인자가 오리라"고 했습니다. 이때는 흰 세마포 옷을 준비해야 합니다. 그것은 바로 믿음이란 세마포 옷입니다.

(4) 하나님 만날 준비를 해야

암 4:12절에 "이스라엘아, 네 하나님 만나기를 예비하라"고 했습니다. 교회에 나오는 것만으로는 부족합니다. 하나님을 만나야 합니다. 그러나 그냥 만나는 것은 아닙니다. 준비가 되어 있어야 합니다. 무엇입니까? 그것은 바로 회개하는 마음과 영접하는 마음입니다.

3. 준비한 자에게 주시는 축복

(1) 성공을 주십니다.

(2) 하나님의 축복을 받게 합니다.

(3) 천국 백성이 되게 하고, 천국의 문을 열어 주십니다.

(4) 혼인 잔치에 참여해 기쁨을 나눔

어린양의 혼인 잔치에 참여해서 기쁨을 나누게 됩니다. 바라기는 우리 모두 준비해서 이런 축복을 받기 바랍니다.